KB274146

경계의 감정

경계의 감정
Sentiment of the Edge

초판 1쇄 인쇄일 2017년 1월 18일
초판 1쇄 발행일 2017년 1월 25일

지은이 유선덕
펴낸이 양옥매
디자인 이수지
교　정 조준경

펴낸곳 도서출판 책과나무
출판등록 제2012-000376
주소 서울특별시 마포구 방울내로 79 이노빌딩 302호
대표전화 02.372.1537　**팩스** 02.372.1538
이메일 booknamu2007@naver.com
홈페이지 www.booknamu.com
ISBN 979-11-5776-364-1 (03100)

이 도서의 국립중앙도서관 출판시도서목록(CIP)은 서지정보유통지원 시스템
홈페이지(http://seoji.nl.go.kr)와 국가자료공동목록시스템
(http://www.nl.go.kr/kolisnet)에서 이용하실 수 있습니다.
(CIP제어번호 : CIP2017001102)

경계의 감정

Sentiment of the Edge

감정 큐레이션
감정을 상하게만 하지 마라

유선덕 지음

책과나무

감정이 들려주는 이야기에
귀를 기울여 보자

　감정은 골칫덩어리다. 불쑥 드러나면 당황스러울 때가 한두 번이 아니다. 툭 튀어나오면 후회하거나 미안할 일이 생기고, 부끄러워 새침해진다. 감정 섞인 말을 할 때는 거침없이 시원하게 쏟았지만, 수습하느라 진땀 흘리며 지치기도 한다. 그런가 하면, 갑자기 외롭거나 서글퍼서 맥을 못 추기도 한다. 푹푹 썩어 가는 속을 들키지 않으려 가까스로 속내를 숨겨 안도했지만, 지나가는 사람의 무심한 건드림으로 급작스레 폭발한 적도 있다.

　감정으로 난감해진 경험이 한 번쯤은 있을 거다. 슬픔인지 화인지 혹은 미움이나 불만, 거부감인지, 정확하지 않은 뜨거운 덩어리가 갑자기 팽창하며 배 속부터 명치를 거쳐 목으로 치밀어 순식간에 정수리까지 오르더니 '빵' 터지기도 한다.

쏟아낸 성질을 뒤늦게 수습한답시고, 용기 내어 소명하지만 이미 벌어진 일이 없어지진 않는다. 그뿐만 아니라, 아무리 노력해도 지워지지 않은 채 마음 한구석에 영 쓸쓸하게 남아 오랫동안 괴롭힌다.

　감정 폭발을 가까스로 무마했어도, 실은 졸렬한 변명에 불과하다는 자괴감으로 한심하고 비참하다. 옹졸한 마음을 들켜 수치스러움으로 한동안 괴로움에 신음하기도 한다. 그러다가 어찌할 수 없어 자포자기 하거나, 염치 불구하고 아무 일 없는 척 외면도 해 본다. 굳이 들추어 쑤시지 않으면 남들도 겉으로는 무관심해 주니 고맙긴 하다. 그러나 사실 있었던 일이 없어지는 것은 아닌지라 불편하고 떳떳하지 못한 마음이 드는 것은 당연하다.

따져 보면, 괜찮은 사람으로서 지금껏 노력하며 공들인 본새가 한순간에 찌그러진 것이다. 잠시 드러낸 감정의 대가치고는 가혹하다.

이처럼 감정 때문에 망신이나 곤란을 한 번도 겪어 보지 않은 사람은 거의 없을 거다. 미움이나 분노, 두려움뿐 아니라 사랑하고 좋아하는 감정도 드러내기 쉽지 않다. 어떤 기분이든 나타내고 싶은 만큼만 제대로 표현하면 좋겠는데, 웬일인지 바라는 대로 되지 않는다. 원하는 대로 혹은 의도한 순서대로 감정을 느끼고 표현할 수만 있다면 세상살이 걱정은 상당 부분 덜어 낼 수 있을 것이다. 그리고 기분에 딱 맞는 표현을 적절하게만 할 수 있다면, 인간관계에서의 곤란한 일은 훨씬 줄어들 것이다.

　감정은 하나의 자극에 대한 단선적인 반응에 불과하다고 생각하기 쉽다. 하지만 두려움은 단지 약하다는 의미가 아니다. 미움은 졸렬한 마음의 방증이 아니다. 슬픔은 상황을 제대로 알아야만 하는 중요한 의미다. 화나는 것을 참고 외면하거나 무시하면 안 되는 분명한 이유는 폭발적 에너지에 많은 메시지가 담겨 있기 때문이다.

　따라서 감정이 복잡한 얼개로 우리에게 깊이 자리 잡은 이유를 주의 깊게 들여다봐야 한다. 분명히 알아야 할 것은 감정 그 자체에 대한 이해다.

2017년 1월
유 선 덕

Contents

Ⅲ. 감정의 이해
: 경계는 선이 아니다

Ⅳ. 감정의 본질
: 상하게만 하지 마라

Ⅴ. 좋은 감정
: 감정 직면하기

I

감정이 문제다

: 미운 오리새끼

Ⅰ.

누군가를 소개하며,

"이분은 꽤나 감정적이랍니다."

라고 한다면, 처음 만나는 사람보다는 소개하는 사람을 새삼 살필 거다. 초면의 사람과 눈을 마주치기도 전에 따뜻하고 상 냥하리라는 기대보다는 어쩐지 내키는 대로 행동하며 막말이 나 언성 높이기를 거리낌 없이 할 것 같은 선입견부터 가질지 모른다. 한편으로 이렇게까지 말하는 이유는 무엇인지 의구심 도 분명 생길 거다.

'어떤 사이길래 이리 함부로 말할까?'

행여 심기를 건드리는 실례를 하지 않으려 마음을 단단히 챙 기며 긴장할 수도 있다.

'정 많고, 따뜻하고, 유쾌하며, 상냥하고, 말이 잘 통하고
이해력이 많고, 표현력이 풍부하고 감동을 잘하며,
다른 사람의 마음과 말을 잘 공감하고 편안해서

 경계의 감정 Sentiment of the Edge

*위로가 되는 사람'과 같은 감정이 풍부한 성향을
나타내는 아주 다양한 표현이 있다.*

이러한 말들을 보면 알 수 있듯 감정은 우리에게 좋은 역할을
많이 한다. 특히 '살 만하다'는 느낌은 감정이 만족스러운 상태
에서 드는 행복한 생각이다.

그럼에도 불구하고 막상 '감정적인 사람'이라는 단언을 듣는
순간, 우리의 심상은 덜 정돈된 매무새, 약간 격앙된 어투로
일관성 없이 기분 내키는 대로 마구 소리를 지르는 변덕스러운
이미지가 떠오른다. 혹은 씩씩거리며 바쁘게 헤집고 온갖 참견
을 일삼아 세상 모든 시끄러운 일에 기웃거리며 불안정한 기분
을 발산하느라 주변과 좌충우돌이고, 늘 열이 오른 모습일 수
도 있다. 아주 변덕스러워서 앞뒤 없이 말하고 느끼고 반응하
는 시한폭탄 느낌일 수도 있다. 누군가 옆에서 거들며 성질을
받아내지 않으면, 제풀에 지칠 때까지 온 주변을 들쑤시는 불
안한 사람 말이다.

감정적인 사람은 성격이 급하고 일방적이며, 직선적이고 빠
른 말투로 흥분의 열기를 내뿜으며, 말과 행동이 앞서고 뒤늦
게 생각하고, 한바탕 소란을 피우고는 자기의 빠른 행동과 말
을 합리화하느라 설명이 많고 자기의 입장 이해를 강요하는 편
이라는 인상이다. 열성적이다 못해 극성스럽기까지 해서 주변

사람까지 피곤하게 들볶고, 호들갑스럽게 반기는 만큼 싫은 내색도 역력해서 자연스레 눈치를 살피게 하는 괴로운 대상이다.

자신의 영향력에 만족하는 졸렬하고도 유치한 내색을 숨기지 않아 단순한 속내를 금세 알아챌 수는 있다. '뒤 끝 없음'을 장점이랍시고 떠벌리지만, 자기의 뒤끝 없는 말을 기억하고 아파하는 사람은 뒤끝 있다는 식의 묘한 비난을 일삼아 듣는 사람의 마음을 영 편치 않게 한다. 자기의 직선적이고 급한 공격은 실수고, 다른 사람의 가늘고 오랜 기억은 답답하고 못된 거다.

그래서인지 '감정적인' 사람이라는 평을 들으면 가볍게 수긍하며 지나치는 사람이 드물다. 무슨 이유로 자신이 치졸하게 보였는지 전전긍긍해한다. 부족함을 들킨 이유나 단서를 궁금해 한다. 실은 그리 감정적이지 않음을 밝히려 설명과 변론을 궁색하게 할 때도 있다.

우리는 이성적인 사람이 훨씬 합리적이며
보다 격이 높다고 인정하는 경향이 있다.

기분에 따라 좌우되지 않아 실수가 적고 변덕스럽지 않아 책임감이 믿을 만큼 안정적이라 예상하며, 성실하고 유능하기까지 하고 최소한 눈살을 찌푸리게 하는 문제를 쉽게 일으키지 않으리라는 기대감에서다.

 경계의 감정 Sentiment of the Edge

그래서 '이성적인' 사람이라는 평을 들으면 차갑고 매몰차며 자기 논리에 갇혀 융통성 없는 고집쟁이로 애정 어린 말을 좀처럼 하지 않아 정감어린 감동을 경험하기 쉽지 않은 냉랭한 사람이라고 생각하기보다는, '꽤' 괜찮은 지적인 사람으로 보였다는 안도를 느낀다. '이성적인'이라는 단어에 '충분히 생각하고 여유와 품위 있어 언행에 손색이 없다'는 믿음이 있다.

가끔은 지적인 사람으로 보였다는 우월감과 허영심에 도취되기도 한다. 이성적인 사람이어야 하는 강박을 받아들이고 유지하려 고통스러운 자기관리를 기꺼이 감내한다. 이 고통은 다른 사람의 기대 수준에 맞추려는 불가피한 불일치성 때문이다. 다른 사람의 규준에 들어맞으려는 것 같이 피곤한 일은 없다.

1. 양단(兩斷)

감정과 이성의 구분이 온당한지 의심할 필요는 없을 것이다. 합리적으로 생각하는 인간다움은 '이성', 비합리적인 동물적 반응은 '감정'으로 구분해 왔다. 이성은 합리적이며 인간다운 추구여서 감각이나 감정 그리고 경험으로부터 벗어나 연역적일 수 있도록 한다. 그래서 좋은 선택을 지혜롭게 하려면,

'마음을 가다듬고 흥분을 가라앉히라.'

는 조언을 하고, 듣기도 한다. 실수를 뉘우치고 후회하는 하소연에는, 흥분하여 이성을 잃었는지 여부를 확인한다. 모름지기 감정에 흔들리지 않는 이성적인 사고과정과 판단이야말로 인간다움의 표상이라는 인식은 아리스토텔레스로부터 근대를 거쳐 지금까지 의심 없이 이어져 왔다.

감정에게 굴복 당함은 책망 받아 마땅하다. 합리적인 이성이 감정을 제대로 다스리지 못했기 때문이다. 이성적으로 감정을 잠재우지 못하고 방치한 자신의 부족함을 통탄하며 책임져야

한다. 이러한 경험을 거듭하며 우리는 감정을 배제한 생각이 지배하는 것이 '제대로 합리적'이라는 사실을 인정한다. 감정을 잘 다스리는 것이야말로 고매하다는 인식은 당연하다.

반면 거친 감정을 드러내는 것은 '원색적'이거나 '무뇌'의 야수적 본능이 삐져나온 양 미개하고 저급함을 들킨 것이나 다름없다. 인간다우려면 미처 다듬어지지 않은 원시적인 모습을 벗으려는 각고의 노력이 필요하다. 핵심은 감정을 멋들어지게 표현하고 우회적으로 표현할 수 있어야 한다. 그러지 못하면 교양 없고, 인간다움을 일정 부분 포기한 것으로 여겨진다.

기분을 조절하지 못하고, 내키는 대로 하는 행동을 문제로 지목하여 뇌가 판단하고 조절하지 못하는 병리로 진단하며 사회적으로 주목하기도 한다. 이성과 감정적인 태도는 미세하더라도 종속적인 차이가 있음을 은근히 내세운다. 감정이 우세하고 주도적인지, 이성이 제대로 작동하는지의 구분이 그렇다. 이성이 조절하지 못하는 감정은 문제며, 심하면 인간성까지 위협한다는 설정이 저변에 깔려 있다.

이처럼 감정과 이성을 뚜렷하게 분리하여
양자택일을 바라지만, 대부분 이성적이기를 요구한다.
그러면서도 한편으로는 온정 있고,

아울러 이성을 능가하는 좋은 감정이 있다며 감정을 더 세분한다. 어떤 감정은 중요하고 좋으며, 어떤 감정은 인간답지 못하게 하는 나쁜 것으로 내몬다.

구분과 편 가르기도 복잡하지만, 단순하지 않은 이 내용들로 혼재한 마음을 점검하는 것이 급선무겠다.

마음

감정이 무엇인지는 어느 정도 안다. 사전에서는 감정을 '어떤 일이나 현상, 사물에 대하여 느끼어 나타나는 심정이나 기분'이라 정의한다. 정서적 느낌이며 기분인 감정을 정확하게 설명하지 못한다고 모르는 건 아니다. 단지 늘 일어나는 것이어서 새삼스레 설명하거나 자세하게 들여다볼 필요 없다고 생각할 뿐이다.

감정이 때로는 요사스럽고 간혹 거칠게 꿈틀대는 지점은 있으나, 정확한 단서를 말하기는 어렵다. 막연하게나마 감정을 잘 다스리면 월등하게 훌륭한 사람이리라고 인정한다.

감정에서 가장 염려스러운 것은 좌충우돌하거나 파괴적인 공격으로 표출될 가능성이다. 거부감과 혐오가 표현되며 가학적이거나 폭력이 수반될 거라는 염려가 감정을 조심스럽게 대하게 한다. 감정이 폭발하는 것이 문제이긴 하다. 감정이 건드려지고 마음이 상하면서 갈등과 고통이 시작된다. 이렇게 봤을 때, 확실히 감정이 문제는 문제다.

우리는 따뜻한 사랑이나 기쁨은 거리낌 없이 인정하는 반면, 욱하거나 슬픈 기분은 가능한 잘 드러내지 않으려 한다. 소위 부정적이라는 범주의 감정인 분노, 두려움, 슬픔, 불안, 미움 등은 표현하지 않으려고 노력하다 못해 마음의 어느 구석에도 있지 못하게 하려 든다.

웃으며 즐거운 기분과 사랑하는 따뜻함, 감사하는 마음으로 인생의 많은 문제와 어려움을 해결하고 바꾸었다는 사람들의 실증적인 이야기는 감동적이다. 늘 좋은 감정만 느끼고 항상 만족하길 바라기에 긍정적인 감정을 유지하도록 마음을 다스리라는 뜻일 게다.

안토니우스가 클레오파트라를 사랑하지 않았다면, 알렉산더의 헬레니즘 왕국은 어떻게 되었을지, 로마의 지중해 지배는 상상하기 어렵다. 파스칼의 말대로 "클레오파트라의 코가 조금만 낮았더라도 세계의 역사는 바뀌었을 것"이다. 클레오파트라

의 미모 때문만은 아니겠지만 그녀와의 사랑으로 카이사르와
안토니우스 모두 정치적인 업적과 거리가 있는 모습으로 삶을
마무리했다.

우리를 곤란한 지경에 빠지게 하는 감정은
분노나 슬픔, 우울이나 두려움만이 아니다.
사랑이나 기쁨도 문제에 봉착하게 한다.

다스리기

마음을 다스리는 것은 오랜 관심거리다. 마음 다스리고 감정
조절하라는 말은 알겠는데, 구체적인 이해와 실질적인 적용은
막연하다. 감정이 느껴지는 대로 반응하지 말라는 것인지, 아
니면 마음과 감정의 알지 못하는 간극이 있어 관리하라는 것인
지, 조심스러워 하라는 건지, 투명하게 발산하라는 말인지 다
양한 의문만 떠오를 뿐이다.

혹은 마음에 일어나는 감정을 살펴서 좋은 것은 그대로 유지
하고 나쁜 것은 버리라는 뜻인가 싶기도 하다. 그렇다면 좋은
것은 무엇이고 나쁜 것은 어떤 건가 궁금해진다. 마음 다스리
는 화두를 다양하게 설명하며 다루며 나름의 효과를 말하는 많
은 프로그램이 있지만, 사실은 아주 제한적이거나 특정한 사람

의 특별한 경우에만 해당되는 것으로 느껴진다.

사랑이나 미움 혹은 화나는 감정은 순식간에 촉발하는 경우가 대부분이다. 유독 감정에 대한 후회와 아픔이 많은 이유는 생각할 겨를 없이 빠르게 전해지는 느낌과 그보다 더 빠르게 나타나는 반응 때문일 것이다.

'화났구나!'

느끼는 순간, 이미 붉어진 얼굴과 가쁜 호흡으로 분노 상황임을 드러내기 일쑤다. 소리를 지르거나 격앙된 행동은 간신히 조절했어도, 이미 아드레날린은 분비된 상태다. 호르몬에 따라 자동 반응하는 신체 증상-창백해지거나 열 오른 낯빛, 진땀, 호흡 곤란, 떨림, 동공 확대 등-은 도무지 숨기기 어렵다. 드러내고 싶지 않은 감정 반응을 어찌할 수 없어 당황스럽다.

그래서 애초에 어떻게 화나지 않는가에 주목하여, 이에 관한 현명하고 놀라운 방법을 찾아다닌다. 갖가지 방법과 해법은 나름대로 타당하고 감동적인 설명으로 우리를 납득시킨다. 깊은 감명으로 다짐하고 연습하지만, 현실에서는 파도가 쉴 새 없이 요동친다. 한시도 평온하지 않은 현실에서 어느새 너덜너덜해진 자신을 발견한다. 가뜩이나 지친 상태에서 어떻게 해야 할지 모를 일을 마주하는 일상이 피곤하기만 하다.

단 한 번이라도 감정에게 굴복당한 경험은 그리 자랑스럽지 않다. 그 기억은 우리를 참담하게 한다. 마음을 다스리는 목적은 긍정적인 감정 일변도의 사람이 되기 위함인데, 행여 현실을 이길 힘이 충분할 거라는 기대감 때문에 긍정적인 사람이 되려는 열망은 강하다.

'긍정적인' 생각과 말로 삶을 아주 '잘' 살아가는 사람이 의외로 안정적이지 않음을 발견하면 적잖이 당황한다. 긍정적이어야 하는 강박으로 현실과 실재를 사실대로 보아 넘기지 못한다. 그러다 보니 매사를 긴장하며 방어하는 분주함이 있다. 아마도 마음이 사물과 달리 늘 역동적이라는 속성이어서 일거다.

경계의 감정 Sentiment of the Edge

2. 경계

우리는 무슨 이유로 화나거나 슬퍼하는 것을 부정적이라 생각하는가? 감정을 부정적인 것과 긍정적인 것으로 구분하는 것이 과연 타당한지 의문이 든다. 사랑을 선택할 때 마음의 소리를 듣고, 어려울 때는 흔들리는 마음을 잡으라는 오랜 조언들은 꽤 설득력 있다. 중요한 마음에 많이 등장하는 긍정적인 감정과 부정적인 감정이 어떤 모양새인지 궁금하다.

감정과 기분이 중요하다는 말은 수긍이 간다. 학식이 높거나 권력 있고 경험이 풍부해서 부족함 없이 존경받는 사람이 급작스러운 감정 폭발로 불시에 다 된 밥에 재를 뿌리는 안타까운 현장을 보면 더욱 그렇다. 스스로 제 살 깎는 실수를 피하기란 쉽지 않다. 감정은 간단하고 이론적인 이해와 의지적 결단으로 다스려지는 것이 아니라는 점에 경각하게 된다.

그렇다면 감정이 마음의 어느 지점에서
우리를 어떠한 범주에 몰아넣는 것이 타당한가?

몹쓸 감정과 선망하는 감정을 적군과 아군으로 나누는 것이 타당한지 모르겠다. 하긴, 감정의 예민한 경계에서 지레 백기를 들기에는 만물의 영장인 인간의 위력이 무색하다. 긍정적인 감정을 유지하며 부정적인 감정을 척결해 내는 것이 간단하지 않다. 긍정을 확연하게 이해하기 위해 '부정'을 반대편에 두는 것도 의심스럽다. 부정적인 감정을 어두운 무덤으로 비유하며 뚜렷한 밝음으로 긍정적인 감정의 실체를 설명하는 것이 타당한지 모르겠다. 긍정을 극대화하기 위해 늘 부정이 배경이어야만 하는지는 더 깊은 의문이다.

그뿐만 아니라, 부정적인 생각과 감정을 열 수 없는 상자에 제대로 가두고 깊은 심연이나 우주에 던져 버리는 것이 가능한지도 따져 봐야 한다. 삶으로 영원히 돌아오지 않을 것이라고 장담할 수 있을 만큼 감정은 대상이나 객체에 불과한지 과연 궁금하다. 기분 나쁜 생각과 감정에서 벗어나려는 노력에는 우울하거나 슬픈 감정을 느끼지 않으려는 회피나 외면과 같은 선택적인 감정 차단이 유효할 수 있다. 물론 이런 감정 차단과 일시적인 단절과 멈춤으로 마음이 편해지기도 한다.

그러나 아쉽게도 좋은 것만 생각하고 좋은 것만 느낀다고 해서 행복해지는 것은 아니다. 미각이 풍부한 사람은 다양한 맛을 예민하게 느끼는 것이지, 좋아 하는 것만을 선별적으로 맛

보지 않는 것과 흡사하다. 우리는 풍부하고 만족한 삶을 바란다. 한 가지 맛에만 집착하다 보면 익숙함이 더욱 자극적이어야 비로소 만족하듯 그렇게 중독과 집착을 당연하게 여기게 된다. 조금이라도 새로운 것을 허용하지 않았을 때, 삶은 더 이상 생동감을 유지하기 힘들다. 좋은 것에만 집착하는 순간 더 이상 좋은 게 아니다.

정상과 비정상, 좋은 것과 좋지 않은 것, 긍정적인 것과 부정적인 것, 도움이 되는 것과 그렇지 않은 것, 건강한 것과 병리적인 것 등의 구분이 가능한 곳에는 경계가 그어져 있기 마련이다.

기준

사실 자체를 말하는데 어떤 사람은 불평한다며 타박하고, 또 누군가는 괜찮은 이야기라며 독려한다. 단지 일어난 일을 묘사할 뿐인데 어떤 경우는 좋다며 인정받고, 혹은 쓸데없는 소리라는 면박을 당하기도 한다. 같은 사실이 환영받고 즐거운 반응을 얻는가 하면, 어느 때는 찬물을 끼얹는 꼴이 되어 무안해진다. 무슨 이유로 같은 것의 반응이 다르고, 평가가 다른지 들여다봐야 한다.

까다롭다는 평판은 저절로 조심하며 무슨 반향일지 긴장하게 한다. 호의적이라는 소문은 긴장을 풀고 마음을 편하게 먹는 데 도움이 된다. 적대적이거나 협력적이라는 판단을 할 수 있는 이유는 무엇인가?

세상의 모든 것이 적용되는 대원칙이 있다면
그 절차로 설명이 되겠지만, 그런 것은 없다.

어떤 말을 들으면 마음이 따뜻해지며 힘이 나고, 어떤 경우는 열정조차도 차갑게 냉각된다. 말에 온도를 유발하고 영향을 주는 무언가 있어 뜨겁게도 하고 차갑게도 한다. 누군가의 따스한 호의가 느껴지면 더불어 너그러운 행동을 하는 것과 같이 어떠한 것이 느껴지면 그에 따른 행동을 하게 될 때가 있다. 도망가기 힘든 추궁을 날카롭게 받았을 때, 나도 모르게 격앙된 반응이 튀어나올 수도 있다. 말이 온도를 담아 전하는 것인지, 아니면 들은 말의 반응이 온도 차이를 보이는 것인지 정확하게 알 수 없다.

감정을 조절하지 못해서 장애라는 판정을 받거나 문제 상황의 적절한 설명으로 취급한다. 납득할 수 없는 일이 비상식적으로 발생했는데, 이제 보니 감정조절장애여서 그렇다는 것을

 경계의 감정 Sentiment of the Edge

용납하며 허무하게 받아들이는 것은 감정을 인정하기에 가능하다. 알 수 없고, 할 수 없는 상황을 간단없이 처리하는 방법 중의 하나가 감정으로 탓하며 종결하는 것일 수 있다. 병리적인 요인으로 감정을 거론할 수 있다는 자체가 중요하다.

다른 지점

사람들은 때때로 외롭거나 우울하거나 슬프고 괴롭다는 고통을 하소연한다. 어느 때부터인가 슬프고 화나며 두렵거나 싫은 것과 같은 감정은 부정적이라는 인식이 당연해졌다.

부정적인 극단의 반대편에는 긍정적인 감정을 의도적으로 채비하는 것이 실효성 높은 좋은 노력이라는 인식이 있다. 말인즉, 감정의 양극단을 이해하며 긍정적인 지점에 일부러 머무르며 의도적으로 몰입하는 것이야말로 긍정적인 자세이며 태도라는 게다. 긍정적인 행동과 생각의 선택은 긍정적인 삶을 만들어 낸다[1]는 공식은 간단한 주문으로 꽤나 풍부한 결과를 초래한다. 가성비로 말하자면 최고다.

---

1) William James

주변에서 자신을 '긍정적인'이라 소개하는 사람들을 어렵지 않게 만날 수 있다. 긍정적인 사람이라는 수식어가 담고 있는 내용은 무엇인지 자못 궁금하다. 긍정적인 정서인지, 모든 것을 생산적으로 해낸다는 것인지, 어떤 여건에서도 긍정적인 생각으로 일관한다는 건지, 늘 생산적인 산출과 성과를 획득한다는 것인지, 행동과 결과의 긍정적인 측면은 무엇인지 등등 정확한 내용을 구체적으로 말하기란 쉽지 않다.

사람마다 이해하고 있는 긍정의 내용은 제각각이다.
대부분의 사람들이 선호하는 긍정적인 것을
어떻게 해야 할지 모르겠다.

아마도 이분법적 시각에서 상대적이고 흡족한 성향을 담는 '우위'를 '긍정'이라 명명한 듯하다. 어쩌면 미생(未生, incomplete life)에 머문 적은 없으며 그런 일은 내 사전에 있지 않다는 호기로운 장담일 수도 있다. '승산' 있는 삶을 우회적으로 표현하는 것인지도 모르겠다. 밝은 세상과 어두운 세상에 대한 구분과 대립을 말한 것은 오래된 이야기이긴 하다.

우리의 불안은 긍정과 부정의 양극단이 대립하는 분열과 반드시 어느 한 지점에 처해야만 하는 요구에 부응하려는 때문이

 경계의 감정 Sentiment of the Edge

다. 보다 많이 확보하고 더 강해야 하며 그럼에도 만족하기 어려운 것은 상대적인 확보에 지나지 않기 때문이다. 상대적인 확보는 한시적이라는 제한성이 불안을 배가시키고, 끝없는 겨룸으로 승패를 지속적으로 양산하는 구조다.

3. 압도

　우리는 조절되지 못한 감정을 주의 깊게 바라본다. 우발적인 시비가 상해를 입히고 상황의 악화를 초래하는 사건과 순간적인 감정을 참지 못하고 저지른 실수가 범죄로 연결되는 경우를 왕왕 본다.

　급작스런 괴물의 등장 같은 감정에 압도당해 속수무책으로 당하는 것은 유약한 우리 자신이다. 감정의 에너지는 거센 힘으로 우리의 시간과 판단, 의식, 생각 그리고 모든 상황을 순식간에 얼어붙게 한다. 어떤 결정도 의도하지 않고, 준비할 수 없고, 걷잡을 수 없는 필연 같은 우연으로 내몬다. 감정 폭발의 찰나는 '누구라도 그러할 수밖에 없을' 것이다. 그 순간은 감정 말고 아무 것도 없다. 그리고 태풍의 눈임을 알기만 해도, 감정의 진공 상태에서 그리 무기력하지 않을 수 있다는 점이 아쉽다. 그 때, 감정을 붙들어 맬 수만 있어도 극한 상황을 피할 수 있음이 안타까울 뿐이다.

잠시 환기만 해도 감정에 전적으로 압도당하지 않을 수 있다. 순간적인 압도에 속수무책으로 당했다는 생각 때문에 감정은 더욱 문제의 원인으로 자리 잡고, 충분히 이성적이지 못한 것이 문제가 된다. 감정적인 도발로 난데없이 피해를 입어 억울하고 황당한 것은 당연하다[2]. 인정하기 불편하지만 일을 저지른 사람 입장에서도 당황스럽기는 마찬가지다. 불과 몇 초 전에는 평온하였을 과거의 그 시점으로 돌아가 다시 잘하고 싶은 마음이 얼마나 간절하겠는가. 우발적인 사고의 중심에 자신이, 그것도 가해자 혹은 문제유발자로 있으니 차라리 모든 것이 꿈이기를 바랄 뿐이다. 시간이 흐를수록 자신과 상황에 대한 회한과 절망을 이기기 힘들다.

*순간적인 화, 엄습하는 두려움, 절망, 슬픔, 미움 등을
어찌 하지 못한 자신을 용납하기란 쉽지 않다.*

촉발된 감정이 정점인 순간을 지나고 나면, 현실이 조금 더 선명해지면서 마음의 흐름에 따라 생각이 차분히 정리된다.

---

2) 우발적 폭행 건수 2004년 10,810건에서 2014년은 6.5배 증가한 71,036건
  (2015년 대검찰청 자료)

그리고 또렷해지는 사리분별 덕분에 더욱더 감정 탓을 하며 자괴감과 무력감으로 고통스럽다. 감정의 무게는 가혹하다.

문제

수많은 시험 문제와 겨루며 '답'을 찾는 것이 중요하다는 사실을 알아차린다. 그래서 '문제'라고 말하는 순간 누구나 '답'에 대한 갈망이 있다. 답을 제시하는 사람을 존경하고 따르고, 하물며 찾아다니기까지 한다.

순진하게 인생의 문제도 시험 문제와 같이 '그 답'을 제대로 찾으면 합격이나 통과가 되리라 기대한다. 문제와 씨름하기보다 '그' 문제의 '그' 답을 찾고자 성급하다. 문제를 파악하기보다 가장 적확(的確)한 답을 빨리 얻고자 분주할 뿐이다. 시험 문제는 제대로 이해하지 못하고 요행히 답을 찾을 수 있지만, 그것은 실력이 아니어서 들쭉날쭉한 성적을 얻는다. 문제와 무관하게 좋아하는 답만을 남발하여 시험치를 수 있겠는가.

문제를 직시하고 문제의 핵심을 제대로 간파하지 못하면, 문제를 잘못 이해하여 실패할 수도 있고, 하나의 상황에 그치지 않고 또 다른 문제를 양산할 수도 있다. 문제 파악의 오류는 인생 전체를 흔들 만큼의 여파가 되기도 한다. 동서고금의 진리는 '문제는 어렵다.' 아닌가? 사실 우리의 어려움은 답을 찾느라 지친 것과 더불어 '무엇이 문제인지' 헷갈려 혼돈스럽다는 점이다. 선호하는 문제가 따로 있어서 그러한 문제만 엮고자 그 언저리를 배회하기도 한다. 생소한 문제가 요구하는 중압감은 문제라는 점과 생소하다는 이중의 가혹함이다. 이를 두려워하거나 거부하며 가능한 익숙한 지점에만 머물고 싶은 일종의 퇴행을 반복하게 된다. 새로움으로 넘어가는 것을 두려워하거나 혹은 온전한 매듭으로 마치고 결별하는 것을 거부하여, 복습이 아닌 미제(未濟)로 남겨 지연하는 꼴이다.

문제조차도 선택하고 싶은 마음이 큰 거다.

사람 속

쉽게 얻을 수 없는 답은 이래저래 우리를 힘들게 하며 지치고 속상하게 한다. 그래서 풀어낼 수 있는 문제, 풀 수 있는 문제와, 알고 있는 것이 답인 문제에만 매달린다. 문제조차도 익숙하여 매 번 익숙한 답만을 정답으로 인정하며, 그 언저리를 맴돌며 안도하고 싶어 한다. 문제조차도 익숙한 물에서 놀고 싶은 심정이다. 아는 문제만 거듭해서 신속하게 해결하고 싶은 거다. '벗어나고 싶다'는 강한 욕망은 현실 부정에서 시작한다.

답을 찾겠다는 인지적 과정의 결정적 시발점에 감정이 자리하
고 있다는 점은 주목할 만하다.

해결하기 힘든 여러 문제 중에 어렵고 난해한 것은 사람과 연
루된 분야다. 사람에 대한 문제는 풀지 못하는 어려움으로 질
식할 수 있다. 사람에 관련한 문제가 어려운 이유는 개인적인
특질과 속성 때문이다. 누구나 특별하고 유별날 수밖에 없는
성격과 경험, 성향이 있기 마련이다. 개인의 성격은 '일반화'의
이름으로 확실하게 설명하거나 환원될 수 있는 요소들의 종합
에 불과한 내용이 아니다. 개인의 특질은 단지 특별할 뿐만 아
니라 유일하다는 표현이 적합하다. 적당하고 대충 설명되는 자
신을 아무렇지 않게 받아들이는 사람을 오히려 주목해야 한다.
그는 자신의 삶에 만족하는 것이 아니라, 분명 많은 부분을 포
기하며 아픈 절망으로 괴로워하고 있을 것이다.

사람에 대한 난해한 문제 중에서도
가장 큰 난관은 자기 자신에 대한 문제다.

역설적이게도 자신이 알고 있는 것만이 자기가 아니다. 다른
사람이 관찰하고 경험하는 지점에서 드러나는 자기 또한 무시
할 수 없는 자아의 일부분이다. 외부의 평가와 인식에만 의지

 경계의 감정 Sentiment of the Edge

하는 자아인식이 문제가 될 수 있듯 다른 사람의 관찰과 이해를 무시하는 것도 자기인식을 방해한다.

자기를 제대로 아는 것은 간단하고 쉽지 않다. 자기에게 지나치게 매몰되었거나, 스스로를 소외시켰거나 혹은 다른 사람의 평가와 인식을 받아들인다고 하면서도 강도와 양에 있어서의 적절한 인식 과정이 충분하였는지 등의 다양한 요인을 고려하는 것은 아주 까다롭고 중요한 과정이다.

사람의 여러 난해한 문제 중 가장 문제적인 절정은 감정이다. 겉으로는 당당하게 감정을 주목하거나 외면하지만 사실은 감정의 문제에 휘둘린다. 이것의 꽤 타당한 증거는 어떤 통계나 이론적이며 지성의 합리적인 마무리도 '감정적인' 울림 하나로 뒤집어지는 사건으로 왕왕 있다.

이렇듯 감정이 미치는 영향은 대단히 크다. 감정이 변수일 때, 제대로 가늠하기란 수월하지 않다. 그래서 아주 까다롭다. 그리고 아주 예리한 접근과 이해를 요구한다.

감정을 놓치거나 잘못 건드릴 때,
문제는 정말 문제가 되어 버린다.

4. 뜨거운 감자

'묻지 마' 폭행이나 범죄 관련 뉴스를 접할 때면, 불특정한 대상의 피해로 대다수의 사람들은 마음 아파한다. 이유 없이 피해를 입었다는 것이 가장 마음 아프다. 마찬가지로 논리적이고 타당한 이유가 아니었다는 것만큼 당황스러운 것은 없다. 느닷없는 가해와 공격이 질병 탓이라는 진단은 그나마 사람들을 안도하게 한다. 일상적이지 않다는 공식적인 선언이 가능하고, 격리라는 처방과 후속 조치로 최소한 안심하게 한다.

아울러 질병이나 장애의 범주에 속하지 않는 불안정한 지대에서 발생하는 잠정적인 위험에도 대비해야 한다. 부정확하지만 촉발할 수 있는 지점에 감정이 도사리고 있다. '빡' 치는 상황과 '홱' 돌아 버리는 기분, 갑자기 폭발하는 분노, 참을 수 없는 미움, 견딜 수 없는 괴로움, 잃지 않으려는 집착 등 감정과 마음이 상하고 손상된 느낌이다. 평소에는 잘 숨겨져 안정화되었던 것이 어느 순간에 예민하고 과도하게 반응하며 물불 가릴 수 없게 된다.

우리가 '감정적'이라는 말 앞에 당당하지 못한 것은
바로 이 뜨거운 지점 때문이다.

손상되고 안정화가 깨진 느낌이 아플 뿐 아니라, 정확한 정리와 예측이 불가능하다.

폭발 에너지

감정 폭발은 굉장한 에너지다. 근대 자본주의의 상대적인 관점에서 힘과 에너지, 영향력은 중요하다. 보다 많이, 보다 세게, 보다 높이, 보다 넓은 점유가 곧 우위를 증명한다고 인정하기 때문이다. 가시적이며 물량적인 강력함은 미덕이다. 결말이 성공적이라면 과정의 감정 폭발이 묵인되고 허용된다.

뿐만 아니라, 감정 폭발이 결핍이나 패배의 두려움을 해결하려는 내면의 동기부여가 될 수 있다는 점에서 교육이나 운동장면에서 가끔 바람직한 계기로 이용되곤 한다. 그만큼의 에너지 생성을 인정하는 셈이다. 성공하거나 이기려면 '분노하라'는 자극이 신선한 도전이 된다. '질투는 힘'이라는 말도 그렇다. 이는 감정을 도구로 승부욕을 자극하는 틀로 길들인다. 폭발적인 에너지가 생산성이라는 것은 산업혁명 이후로 의심하지 않으니, 폭발하는 감정은 땔감 정도로 이해하면 된다.

종국에 도달할 지점은 이기고 쟁취하고 점유하고 소유해야만 비로소 안심할 수 있다. 감정을 다스리거나 들여다보고 살피기보다 폭발적 에너지를 어떻게 가동해서 승리를 쟁취하느냐에 관심이 집중될 뿐이다. 감정을 제대로 알고 이해하기보다 에너지로 사용할 수 있을 정도면 족하다.

'감정이 중요'하다는 말은 아주 조심스럽다. 이성에 비해 무시되고 외면 받는 감정을 놓치지 말라는 것은 감정을 살피고 자세히 직면하라는 뜻이다. 이는 느끼는 감정에서 일어나는 생각과 마음의 내용을 구체적이고 실제적으로 확인하여, 자기의 생각과 행동을 옳게 판가름하는 것까지 함유한다.

감정을 잘 살피며 중요하게 다루면
자신이 무엇을 좋아하고, 무엇을 불편하게 여기는지
정확하게 인지하고 표현할 수 있다.

명료하고 신뢰할 만한 태도로 자기를 표현할 수 있다. 이러한 자기 확신은 정직하고 설득력 있는 좋은 의사소통에 도움이 된다. 결국 자기의 감정을 중요하게 살피고 다루는 사람은 자기를 조절하고 관리하며 다른 사람과도 좋은 관계를 유지하는 풍성한 삶을 산다. 자연스럽게 삶의 질은 높아진다.

　　　경계의 감정 Sentiment of the Edge

반응적 감정

감정에 충실하다는 것이 감정대로 반응하고 감정대로 행동하라는 말은 결코 아니다. 감정이 예민하다는 말은 감정을 소중히 여기라는 말과 궤를 같이할지는 몰라도, 감정만을 따르고 지키며 발산하라는 뜻은 절대 아니다.

'감정에 솔직'하라는 것이 '감정대로 하면 된다.'는 행동 원칙을 의미하는 것은 아니다. 기분 조절의 문제와 과격하거나 무책임한 행동을 조절장애라는 병리로 설명하면, 일시적으로 명쾌한 답처럼 보인다. 하지만 다른 시도나 변화의 여지가 없을 뿐만 아니라, 해결해야만 하는 지점에서 당사자인 주인을 주변인으로 옮기는 미봉책이다. 감정에 충실하며 솔직함은 느껴지는 대로 해버리라는 의미로 해석하는 것은 오해다. 느껴지는 감정대로 행동하는 사람의 오류는 '자기만'의 감정이라는 틀에 갇혀 둘러보지 못하는 점이다. 자기의 감정이 촉발되었다면 다른 사람의 감정도 있음을 인정하고 존중해야 마땅하다. 그런데 자신의 감정을 제외한 것을 인정하고 바라볼 여백이 없다. 주변과 다른 사람에 대한 민감성 없이 감정대로 솔직한 것은 '반응'적이며 '충동'적인 공격에 불과하다.

이렇게 주변 다른 사람들을 조심스럽게
살피는 감정 표현 하는 것이 필요하다.

감정을 반응적인 상황에만 멈추거나 국한하지 말아야 함을 다루는 경우는 드물다. 다만 어떻게 기분을 다스리거나 조절할 것인지, 표현하는 기법 등을 연습하거나 훈련하는 게 현실이다. 이는 감정의 진정한 의미를 오해하고 놓치는 거다.

도발의 책임

아이를 학대한 책임을 묻자, 어른은 자신의 학대 경험을 토로한다. 잔인한 살인마는 당시의 심신이 미약했던 상태를 하소연한다. 우발적이고 충동적인 성폭행 가해자는 자신의 또 다른 충격적인 경험과 성의 왜곡을 고백한다. 끓어오르는 용암을 어찌할 수 없어 기어코 뱉어 내는 활화산을 탓하듯, 별수 없이 거기에 있어 왔던 화산의 존재를 거론한다. 화산이 있게 하고 싶겠냐는 반문이며, 도발하는 주변을 탓한다. 보다 더 구체적이며 자극적이며 꼼짝달싹 하지 못하는 환경은 강력한 요인으로 발전한다. 가해자를 심리(審理)하며 그가 경험했던 잔혹한 과거를 추문한다. 추론과 유추로 문제행동의 원인을 찾아 행동의 책임을 한낱 개인에게 묻지 않는다.

설명을 듣다 보면, 나름대로 그럴듯하기 하다. 화산이 이리저리 움직이지 않는다는 점에서 화나는 것을 화산 폭발로 빗대는 오래된 비유는 재미있다. 어찌 보면 세상에 연결되지 않는

일은 없으므로 지나간 모든 것들이 상관있고 원인이 될 수 있
다. 사실 아주 무관한 것도 별로 없고, 반드시 직결된다고 단
정 지을 수 있는 절대적인 원인이 되는 것도 없다.

지나친 행동이나 사건이 발생하면 기분이나 생각을 조절하지
못한 원인을 찾아 병적인 요소와의 관련성을 판단하고 설명하
는 경향이 있다. 인과를 제대로 설명하는 것은 납득할 수 있는
근거가 되고, 결과로부터의 중립성을 지켜 그 상관성을 인정할
수 있다는 논리다.

그러나 받아들이기 힘든 일도
하나의 논리로 제대로 정리할 수만 있다면
타당하다는 결론으로 정리하여
적절한 면죄부를 허락하는 것은 궤변이다.

진단과 판단을 위한 풍부하고 다양한 자료 수집이 중요하며,
제대로 된 이해와 변론을 위해 사생활과 과거의 행적을 낱낱이
다루기를 마다하지 않는다. 사실을 알아야만 한다는 강박은 우
리 모두를 다른 사람의 사생활과 개인적인 영역을 훔쳐보고 알
아 버려야 답답함이 해결되는 습관에까지 이르렀다. 이 버릇이
인터넷과 사이버 공간을 만나며 상상하지 못한 편집, 확대와
재생산이 이루어진다.

5. 감정이 문제

감정에 따라 문제가 되는 게 아니라,

감정을 느끼는 것에만 그치는 게 문제다.

　뜨거운 감정이 폭발하며 좌충우돌하는 반응만 문제는 아니다. 감정은 무감각하고 느끼지 못하는 것도 문제다. 아무 감정도 없다는 사람이 있다면 우리의 관심과 집중이 정말 필요한 이웃이다. 감정이 예민한 사람만 다른 사람과 갈등을 일으키고 괴로운 게 아니다. 감정을 느끼지 못하거나 전혀 없다는 사람은 어떤 마음과 생각을 하는지 세밀하고 차근차근 들여다볼 필요가 있다. 겉으로 드러나는 갈등은 없을 수 있지만, 정말 심각한 문제나 어려움이 깊이 내재되어 있을 가능성이 있다.

　무덤덤한 듯 그리고 천천히 감정을 느낀다고 감정이나 마음이 없는 게 아니다. 빠르고 급하고 반응적이며 직선적인 감정 표현을 마다하지 않는 사람은 그렇지 않은 사람들이 자기만큼의 감정이나 마음이 없는 것으로 착각한다.

감정의 서로 다른 모양새에 대한 이해의 부족도 문제라고 말할 수 있다. 사람들을 알아 가고 이해하는 과정에서 각자 생각하는 사랑의 내용이 다르고, 화나는 이유가 천차만별임을 발견할 수 있다. 마음을 시끄럽게 하는 것이 내겐 고통이지만, 다른 사람에게는 아무 것도 아닐 수 있다. 마찬가지로 별거 아닌 줄 알았지만 괴로운 고통으로 느끼는 사람도 있다. 내게만 마음이 있고, 감정이 있다고 생각하면 안 된다.

감정이 상하고 비위가 상하는 것은 정말 마음에 들지 않아서라기보다, 내 감정이나 마음을 무시한다고 느꼈을 때다.

"당신과 달라도 이런 나의 마음을
믿어 준다면 고맙겠습니다."

정중한 자기 고백을 받아준다면, 감정이 문제될 일은 훨씬 줄어든다.

전략적 선택

다양한 상황과 사건으로 '기분'을 조절하고 감정을 다스리는 것은 간단하지 않다. 때때로 주체하지 못하도록 기분이 상해서

도저히 회복할 수 없는 지경에 이를 때도 있다. 혹은 가끔 마음이 상해서 어떻게 해도 도무지 감정이 전환되지 않아 자포자기할 수도 있다. 골치 아프고 힘들게 씨름하다 지친 난관에서 사용할 수 있는 도피처는 심신이 미약하거나 '병리'라는 진단이다.

차마 말하기도 유치한 아주 작은 일인데 비위가 거슬리고 이상하게 회복되질 않고 머리에 자꾸 떠오르면 매우 힘들다. 심각하거나 커다란 일은 확실한 도피처와 면죄부가 있기 마련이나, 일상적인 규모에서 상대적으로 자그마한 경우는 문제라기엔 어설픈데다 마음은 불편하기 짝이 없다.

다른 사람 눈에는 갑자기 화를 내는 것으로 보일지 몰라도, 언짢은 기분을 참다가 드러냈을 뿐이다. 평소에 얼마나 참았는지 밝히지 않았다고 있었던 일들이 없어지는 것도 아닌데, 마음의 앙금은 달리 해소할 방법이 없다. 이럴 때는 어떻게 해야 하는지 모르겠다. 감정으로 불편해지는 마음의 폭풍을 알릴 수 있는 신호가 무엇이며, 합리적이고 효과적인 반응은 어떤 것일지 생각해보고, 찾아보는 것도 좋을 것이다. 심심찮게 자기 자신에게 휴식과 안락을 제공하는 것도 중요하다. 생각과 감정의 여백을 위해 여유를 누린다면 문제되는 감정이 완충되는 폭이 확보되기 때문이다. 이런 면에서 감정 폭발의 책임은 당사자에게 일정 부분 있다. 자신을 어떻게 이해하고 관리했는지에 따라 감정폭발의 과민한 요인이 통제되기 때문이다.

Ⅱ

문제적 감정

: 마음을 지키면 감정이
문제될 일은 없다

Ⅱ.

흔히들 감정 폭발과 같이 지나치게 예민하거나 조절 불가능한 경우, 문제나 병리로 본다. 특히 감당하기 힘든 에너지 폭발로 주변에 반응하면 사회적인 문제로 심각하게 다룬다.

감정을 문제의 원흉으로 여기는 면이 없지 않다. 분노나 기분을 적절하게 조절하지 못하면 문제라는 뉴스나 연구결과를 자주 본다. 교실에서, 군대에서, 회사뿐만 아니라 가정에서조차도 감정으로 발단하여 비극적인 사건이 일어나는 가슴 아픈 일들이 발생한다. 분풀이나 감정적으로 건드려져 폭력이나 상해가 발생하고 감정적인 언행으로 비인격적인 사태가 생기는 것이 문제다. 누군가 다른 사람에게 어떠한 일로 아프고 힘들게 했다는 상황에 감정적인 건드림과 손상은 당연한 여파다.

각기 다른 이유와 지점이라도 건드려진 감정은 기폭제와 같은 반향을 일으킨다. 소위 부정적인 감정이라고 하는 분노, 슬픔, 두려움, 미움, 불안, 우울, 욕망과 같은 것들이 제대로 조절되지 않으면 겉으로 드러나고, 큰 문제로 확산되기도 한다.

감정을 잘 조절하면 문제 해결의 어려움이 반감되나, 가볍고 간단한 경우라도 감정 폭발이 일어나면 복잡하고 걷잡을 수 없는 상황으로 치닫게 된다. 어쩌면 문제를 제대로 해결하려면 감정이 핵심적인 열쇠일 수 있다.

문제되는 감정이 따로 있다. 무엇보다 다른 사람에게 피해를 주는 경우는 확실히 문제가 된다. 감정을 조절하기 힘들어서 다른 사람을 위해하는 경우 병리적인 진단과 함께 사회적으로 격리하는 것을 우리나라에서는 법적으로 지지한다[3]. 타인을 해치지 못하고 사회 안전을 위해 '사회 방위적 대응'인 격리 수용을 한다. 인권보다 사회 안전을 위해 '관리'하는 당위를 따른 것이다. 이는 감정이나 기분이 사회적인 문제가 될 수 있다는 사회적 인식을 반영한 것이다.

다스리기 힘들고 사람을 지치게 한다는 이해와 함께 문제적 감정에 약물 사용도 허용한다. 우울하고 무기력을 호소하고 불안해서 일상생활을 하지 못하는 경우, 기분이 언짢아 공부를 제대로 하지 못하고 안정적으로 행동하기 어렵다는 아이들에

---

[3] 1995년 정신보건법 제정

게 안전한 소량의 약을 처방한다. 약물의 정확한 메커니즘의 복잡하고 신기한 설명이 중요한 게 아니라, 마음에 일어나는 감정의 폭풍을 잠재우고 겉으로 드러나는 문제 행동을 발생하지 않도록 한다는 점이 놀랍다.

그리하여 아이들은 충분히 움직여 뛰어놀며 한창 자라나는 에너지를 발산하는 게 아니라, 책상에 널브러져 있다. 매사에 심드렁해서 무거운 눈꺼풀과 흐느적거리는 척추를 주체하지 못한다. 방정하게 행동하지 못하거나 번잡한 아이들의 문제 행동을 해결하겠다고 나선 선생님이

"우리 학교 전교 1등도 약 먹어요. 괜찮으니, 병원 가서 처방받으세요."

라고 권한다. 이렇게 문제는 당장 해결된 듯 넘어갈 수 있다.

사실 약물의 고통과 어려움을 호소하는 느낌이나 후유증은 의학계의 설명보다 복용자의 입장과 경험이 중요하다. 이런 면에서 작가 매슈 퀵의 소설『실버라이닝 플레이북』과 데이빗 O. 러셀 감독의 동명의 영화에서 약물 치료를 경험한 이들의 실증적인 이야기는 귀중하다.

감정의 강력한 폭발이나 반응, 표현을 문제로 다루는 반면, 감정을 느끼지 못하거나 무시하는 경우는 주시하지 않는 편이다. 예민하고 과민한 감정이 난해한 문제이듯 감정을 무덤덤하

게 느끼지 못하거나 의도적으로 외면하는 것도 심각한 어려움
이다. 사이코패스를 무서운 저주와 같이 두렵고 큰 문제로 다
루지만, 사실 자그마한 어느 감정을 무시할 수밖에 없었던 경
험이 눈덩이처럼 커지며 감정을 통째로 느낄 수 없게 된 지경
에서 나타나는 현상이다.

감정은 지나치게 활성화가 되는 것보다
지나치게 비활성화 되었을 때가 더 심각하다.

행여 모든 사람이 지나쳐 버릴 만큼 자그마한 단서라도 누군
가의 감정이 건드려져 심정 상했다면 당사자에게는 중요한 문
제다. 감정이 어려운 이유는 개인의 특질과 고유한 경험, 인지
구조, 독특한 습관 등 극히 개별적인 요인으로 인해 표준화된
접근과 분석이 어렵다는 점이다. 더군다나 감정과 기분은 눈에
보이지 않고 표현과 반응이 가시화될 때에야 비로소 알 수 있
는데, 이조차도 사람마다 회로와 소요 시간이 천차만별인 만큼
까다롭다.

감정이 상하고 마음이 손상된 고통은 주변의 이해와 반응에
따라 별난 것으로 되레 비난받을 수 있고, 기꺼이 위로받을 수도
있다. 여기에서 흥미로운 것은 비난받았다고 모두 상처가 더 깊
어지거나 심각해지는 것은 아니라는 점이다. 또 위로받고 이해

와 수용의 과정이 있었다고 해서 누구나 회복되는 것도 아니다.

어떤 사람에게는 책망 받았기에 스스로 단단해져 이겨내고 버티는 계기가 되는가 하면, 누군가는 위로받고 이해받은 탓에 응석받이가 되기도 한다. 경험이 계기가 되어 다른 사람에게 힘이 되기도 하고, 아주 야비하고 잔인한 공격수가 되는 사람도 있다. 일괄적이지 않은 역동과 과정이 감정과 관련하여 긴장되고 조심스러울 수밖에 없는 이유다.

사람에 따라 다르기는 하지만, 감정적인 곤란을 경험하며 마음이 다친 경우는 다른 사람과의 관계가 원활하거나 풍부하기 어려워질 수 있는 후유증이 있다. 더 심각한 것은 자기 자신을 직면하고 인정하기를 난감해한다는 점이다.

감정 때문에 좌절하기도 하고 어려운 고통을 호소하면서 현실을 회피하는 것이 오히려 편할 수 있다. 이러한 반복이 지속되면 주체로서의 삶이 버겁고 표피적인 대응으로 삶의 만족과 집중력이 현저하게 떨어진다.

이래저래 감정은 상당히 예민하고 구체적이며
개별적이어서 까다롭고 난해하다.
감정은 극히 개별적인 지점에서 느껴지며,
사람마다 독특하게 정리된다.

감정 관련 빅 데이터가 확보되어도 개인의 감정 흐름을 적합하게 도출하는 것은 어려운 일일 것이다. 아주 개별적인 데이터를 개인적인 입력과 처리로 최적화한다면 모를까, 아무리 많은 사람의 자료를 입력해도 개인의 감정 관련한 값은 통계로 도출하고 설명하기란 어려울 것이다.

1. 화

이성 친구가 결별을 통보하자 홧김에 살해하는 끔찍한 사건이 있었다. 분노를 조절하지 못해 생기는 사건 사고가 더 이상 새롭지 않다. 화나고 분노가 폭발하는 것이 문제인 이유는 일관성 없는 촉발 때문이다. 좌절하거나 억울하다는 생각이 들 때, 욕구대로 이루지 못한 분풀이로 공격한다. 자기 자신이나 다른 사람을 공격하고 상해를 입히며, 도발의 순간에 폭력이 수반된다는 점에서 다른 감정보다 위험하게 느껴진다.

자기표현이나 주관을 강하게 주장하지 못하던 옛날에는 한(恨)이 주요 정서였다면, 지금과 같이 자기의 권리 주장이 자연스러워진 분위기에서 욕구 좌절은 큰 문제다. 이와 같은 개인의 목소리가 커진 사회에서의 좌절 경험은 상대적인 패배감과 상실, 수치심으로 분노를 훨씬 강하게 느끼게 된다.

결핍

이분법은 이성과 감성, 어른과 아이, 교육자와 피교육자, 생산자와 소비자, 갑과 을, 말과 마부 등 두 갈래로 나눈다. 나뉜 것은 서로를 대응하며 주시한다. 둘로 나누는 것은 아주 효율적이며 생산적인 토대다. 디지털이야말로 이분법이 얼마나 효율적인지 확인시켜 준다. 덕분에 의심하지 않고 익숙해졌다.

하지만 이분법은 대결에서 벗어날 수 없도록 한다. 상대적인 결핍에 예민하게 길들인다. 자기 자신을 돌아보지 않고도 남이나 환경을 둘러보며 조건의 부합여부에만 집중해도 일정 수준의 자기 표현이 가능하다. 이에 우리로 하여금 결핍을 피하고 상대적으로 우위나 차지하면 된다는 근대의 미덕을 강렬하게 지지하며 만족하도록 스스로를 분주하게 종용한다. 하지만 이것은 개인적인 자기 이해와 별개의 접근이다.

어쩌면 인생은 부족하거나 없는 것이 당연하다. 그럼에도 불구하고, 상대적으로 결핍이면 우위를 놓치는 빌미가 되고 그것은 대결 구도에서의 탈락이나 패배를 의미한다. 결핍은 그 자체로 재앙이며 분노의 강력한 원인 제공임이 분명하다.

사람은 구분하고 나누고 단절하기보다 함께 하고 전체적으로 보고 맥락으로 이해하는 것을 훨씬 타당하게 여기며 자연스럽게 받아들일 가능성이 크다.

생각해 보자. 애정결핍이 무슨 문제인가? 사랑은 받는 사람이 느껴야 하는 중요한 감정이다. 애정이 충분하다고 인정할 수 있는 사람이 얼마나 될까? 애정의 요구 수준은 구체적으로 수치화할 수 없기 때문에 지극히 주관적인 판단만 가능하고, 그 말은 곧 충분함을 증명할 수 없다는 뜻이다. 그만큼 사랑의 확신이 손쉽지 않은 것은 사실이지만, 아무리 충분한 애정도 증명하기 어렵기에 누구의 사랑도 결핍의 가능성이 다분하다.

불공평

불공평한 상황을 발견하고 경험했을 때 유쾌하고 가볍게 지나칠 수 있는 사람은 그리 많지 않다. 공평은 쉬운 실행이 아니다. 제도가 합리적이고 납득할 만한가를 평가하지만, 막상 중립적인 기준을 하나씩 구체적으로 짚어 보면 의외로 제각각이다. 공평을 충족하기 위한 '최소한'의 내용을 모아 보면 공정한 기준이나 원칙이 어느 한구석에서든 상충함을 발견할 수 있다. 게다가 실행에서 누구나 자기 입장을 반영한 공평을 말하려 한다. 그리고 자기 입장을 반영하지 않아도, 사람마다 생각하고 바라보는 차이가 있기 마련이어서 '예외 없는 원칙'이라는 것이 수월하지 않다.

합리적으로 공정하다는 것은 애초 가능하지 않은 바람일 수 있다. 그보다는 오히려 최소한의 손해나 억울함을 피하는 정도로 타협하거나 인정하는 편이 합리적인 현실을 반영한 것일 수 있다. 사람의 능력이 천차만별이고 기호가 천태만상인데 '무엇을 어느 정도까지' 공정하고 형평성을 지키는 공통분모로 택할 것인지 깊이 고려해야 한다.

사실 형평성을 지키려다 보면
다양한 개인의 특질을 일정 부분 무시하게 된다.

아울러 하향 기준의 균질을 채택해야 공평하다고 만족할 가능성이 있다. 이렇게 되었을 때, 각 개인이 반납하고 양보해야 하는 기회는 생각보다 많다. 이에 따라 각 개인은 자기의 개성이 존중받지 못했고 인정받지 못한다는 느낌과 함께 불공평하고 억울하다는 느낌을 받는다. 결국 만족스럽지 않게 하는 요인으로 불쾌와 분노가 누적될 수 있다.

따라서 무엇을 어떻게 공평한 내용으로 삼을 것인지를 잘 모색하는 것이 중요하다. 그렇지 않다면 분노의 폭도는 언제 어디에나 내재되어 있다.

부끄러움

굴욕이나 허점이 드러났을 때 화내는 것은 사실 부끄럽고 수치스러워 자신을 방어하는 거다. 아기들이 스스로 배변할 때, 아이를 관찰하며 아이의 성장 과정이 되도록 하였는지 혹은 어른의 편의를 위한 훈련이었는지가 중요하다. 전통적인 연구에 의하면 이러한 경험으로 패배와 열등을 인정하고 표현하는 방식이 결정된다.

다를 뿐이지 틀린 것이 아니기에 개인의 존재를 비교한다는 것은 무의미하다. 개인의 특성이 어느 조건이나 환경에 적합한지 가늠할 필요는 있을지 몰라도, 비교하며 더 낮거나 좀 못한 존재를 구별하거나 차등하는 것은 무색할 뿐이다. 인류가 '우리'이기는 하지만, 그렇다고 복제된 존재로 구성된 무리는 아니기 때문이다. 우리가 비교 당하는 것을 거부하거나 불편하게 여기는 이유는 생래적일 수 있다. 인간은 누구라도 동등하게 존중받고 이해받아 마땅하다.

하지만 존재론적인 존중감은 산업이 발달하면서 기능과 역할의 차등이 생기고 다양한 권력과 구조적인 질서의 지배를 받게 되었다. 권력이나 영향력이 필요한 조직이 생기며 우리의 공동체성에는 새로운 질서가 생겼고, 우월을 가려야 하는 이유가 타당하게 여겨지고 받아들여졌다. 보다 나은 옷만 찾다 결국 벌거벗은 모습으로 백성 앞에서 혹독하게 망신당한 임금의 이야기는 날카롭다.

우리가 경험하는 부끄럽고 수치스러운 상황은 그럴 일은 아니다. 오히려 서로 다른 것을 이해하고 존중받는 과정이 필요하다.

2. 슬픔

실망하거나 상실했을 때 그리고 좌절하고 무언가를 잃었을 때, 그런 현실을 인정하며 가슴 가득 슬픔을 느낀다. 슬픔의 반응은 아주 다양하다. 무기력하고 의욕이 상실되어 운동이나 활동을 못하는 경우도 있지만, 반대로 과잉 행동을 하고 외부 활동에 집착할 수도 있다. 슬픔은 마음의 에너지를 아주 많이 필요로 하는 감정이어서 제대로 인정하거나 표현하지 못하면 내면의 체제에 뚜렷한 문제가 생길 수 있다.

일반적으로 가장 염려스러운 태도는 슬픔은 부정적인 감정이기에 충분히 인정하거나 들여다볼 필요가 없다는 식으로 지나치려는 것이다. 슬픔은 존재를 느끼게 해 주는 관계적인 면에서 야기되는 경우가 많다. 이는 사회적으로 자기 존재를 확인하고 인정하는 지점이기에 아주 중요하다.

충분히 슬퍼하며 자아 개념을 재정비하고
새롭게 구축한다면, 슬픔으로 자신까지 상실하는
비극은 초래하지 않을 수 있다.

우울

우울이 사회 전반을 휘어잡고 있다는 느낌이 들 때가 있다. 한동안 모든 문제의 원인을 트라우마로 다루더니, 우울이 그 뒤를 이었다. 무엇을 해도 되지 않는 무능력과 하고 싶지 않은 무기력은 우울로부터 나온다. 우울은 가벼운 기대감조차도 허락하지 않는 오리무중에 우리를 가둔다. 불행하다는 생각과 마음에 들지 않는 것들로 세상살이에 대한 흥미가 하나도 없다. 어떠한 생각도 떠오르지 않고 그 어떤 것도 즐겁지 않을 때, 우리는 그것을 가리켜 '우울'이라고 한다. 희망이 없는 것도 문제라고 하지만, 우울의 늪에는 희망이 없다는 것조차 감지되지 않을 만큼의 깊은 고요만이 있다.

우울이라는 무기력은 감정을 부정하고 외면하며 표현하지 않거나 발산하지 않았던 억압된 에너지와 맞닿아 있다. 고도로 응축된 감정이 생각이나 마음과 닿을 수 있는 접점을 찾지 못해 답답한 고립에 빠진 것이라고 볼 수 있다. 절망조차 느껴지지 않는 고립이라고 말하는 것이 더 정확하다. 그래서 고립이

두렵고 고통스럽게 느껴지면 주변에 잡을 수 있는 어떤 손이라
도 일단 잡아야 한다.

비탄

임상적인 관찰과 연구로 스트레스 요인별 강도를 정리한
Gerald F. Jacobson은 사람들이 상실의 경험에서 자유로울 수
없음을 밝혔다. 상실은 간과하지 말고 충분히 슬퍼할 수 있어
야 한다.

물론 갑자기 몰아닥친 사건으로 사람을 잃거나 기회, 재산
등을 잃은 것은 가슴 아픈 상실이다. 하지만 자의적이고 의도
적으로 계획한 이벤트도 상실에 속한다. 자녀의 결혼과 독립이
그렇고, 지긋지긋한 결혼생활을 청산한 씩씩한 이혼도 상실에
해당한다. 이러한 상실이 발달 단계의 성장 과정에서 작은 옷
을 버리고 큰 옷으로 갈아입는 것처럼 당연한 과정이라고 해서
아무렇지도 않고, 괜찮은 것은 아니다.

상실이나 좌절의 경험에서 충분히 슬퍼한다면, 우리의 발목
을 잡히지 않고 하나의 과정으로 지나칠 수 있다. 벌어진 상황
이나 맞닥뜨린 문제에서 감정을 충분히 느끼는 것은 이런 면에
서 아주 중요하다.

슬픔과 상실을 충분히 애도하면
커다란 저주와 불안으로부터 자신을 지킬 수 있다.

하지만 충분히 애도하지 못한 경우, 불안과 트라우마에 시달리며 운신의 폭이 좁아진다. 침소봉대의 위험은 애도하지 못했을 때 다분히 내재된다.

비탄에 빠진 경우, 가슴 아프다고 성급하게 구출하거나 탈출을 시도해서는 안 된다. 만일 비탄에 빠졌다고 성급하게 벗어나려고 한다면, 이는 잘 자라고 있는 벼이삭을 빨리 자라게 한답시고 슬쩍 뽑아 올려 말라 죽이는 것과 같다.

3. 두려움

대부분 화내고 성질내는 것은 두려움의 표현이다. 스스로 생각해도 왜 그래야만 했는지를 돌이키지 못하겠고, 힘든 상황이 두려울 때 화를 버럭 내는 경향이 짙다.

청소년이 문제를 일으켰을 때 되레 성질을 낸다면, 아이의 마음을 일단 진정시키며 그의 두려움-낙인의 두려움, 버림받거나 소외될 두려움, 부정되는 두려움 등-을 인정해 주면 금세 정직하게 자기를 돌아보는 모습을 보여준다. 덩달아 자발적인 변화의 다짐까지 믿음직스럽게 받을 수 있다. 옛날 어른들이 잘못을 저지른 사람에게 죄를 묻거나 추궁하지 않고 따뜻하게만 대해 주시던 것은 사람을 제대로 이해한 지혜다.

어른들에게도 이러한 진정(鎭靜)과 위로가 필요하다. 어른이라고 사회생활과 생산 활동이 고통스럽지 않고 받아들일 만하며 견딜 만한 것은 아니다. 의외로 많은 어른들이 은둔하기를 열렬히 바란다. 사회에서 살아 내고 직장에서 견디며 일에 몰두하고 있다고 해서, 아무도 두렵지 않거나 아프지 않은 게 아

니다. 사실은 견디기 힘든 오늘을 옆에 있는 사람 덕분에 참아
내는 것일 수 있다. 우리가 옆과 주변 사람들에 조금이라도 인
격적으로 따뜻하게 대해야 하는 이유다.

*두려움이야말로 창의적으로 성장하며
새로운 변화의 기회가 되는 가장 강력한 계기다.*

두려움을 반복하고 싶지 않기 때문에 외면하고 회피하는 실
수만 하지 않는다면, 스스로를 점검하고 변화의 정확한 지점을
발견할 수 있다. 그래서 성장의 힘이 될 수 있음을 인정하며 두
려움을 분석하면 뚜렷한 내적 동기 부여를 확보하게 된다.

불안

불안에 싸여 있는 사람의 뚜렷한 특징은 자신이 할 수 없는 영
역-대상, 시간, 문제, 상황 혹은 신념 등-을 지나치게 염려한
다는 점이다. 이들은 자기가 간섭할 수 있고 영향력을 미쳐야
함을 의심 없이 생각한다. 당연히 자신의 힘으로 변화나 통제
가 가능하다고 믿고 있어서, 그렇지 못할 때 분노와 함께 불안
에 사로잡힌다. 이들은 '할 수 없다'는 선언이나 경고를 죽음과
같이 느낀다. 할 수 있는 일이 없다는 것을 사형선고로 받아들

인다. 그래서 다른 사람의 평가와 판단에 두려운 마음으로 집
착하고 하나의 상황과 변화에 예민하게 주목하여, 일희일비가
당연하다.

불안을 호소하는 사람은 걱정이 많다.

걱정이 많은 것은 심약해서가 아니다. 이들의 걱정은 생각지
도 못한 상황이 발생하는 것과 자신이 통제할 수 없을 가능성
에 대한 것이다. 알지 못하는 일이 벌어지거나 예측하지 못할
변수에 자기의 입지를 잃거나 위협당할까 봐 하는 걱정이다.
이 때문에 이들은 긴장과 스트레스로 피로하고 불쾌함이 다
른 사람보다 과도하고 지루하게 임계 상태에 머무르는 편이다.
그래서 특별한 상황이나 사건이 아니어도 스트레스에 노출되
는 절대량이 상당하다.

트라우마

한동안 트라우마에 대한 말이 유행처럼 번졌다. 무슨 일만
있어도 '트라우마'라 말하는 게 불편하고 안쓰러웠다. 트라우마
는 스스로 해결하지 않겠다고 누군가의 탓으로 잡아매고 있을
때, 깊은 감옥에서 이글거리며 괴롭히고 언제라도 떠올라 호시

탐탐 노리는 불덩이와 같다.

두 눈 부릅뜨고 사실대로 바라보고 그것이 있다는 것만 제대로 쳐다보면 힘을 잃는다. 하지만, 자꾸 눈을 감고 고개를 돌리면 약을 올리듯 불꽃이 넘실대며 온갖 것에 참견하려 든다.

트라우마는 엄청난 강도의 자극을 말하는 게 아니다. 어떤 자극이나 상황에 대한 우리의 반응이 충분하지 못했던 미온적인 것이 두려운 회상과 함께 변형된 유예라 할 수 있다. 그래서 트라우마는 어떻게 생각하고 대응하느냐에 따라 생길 수도 있고 전혀 아무 것도 아닐 수 있는 미처리 사안과도 같다. 트라우마는 자기 자신을 객체나 대상으로 전락시키고, 주목하지 않을 때 거대한 모습으로 과장되게 나타나 숨통을 죄고 위협한다. 트라우마는 두려움과 공포로 주변을 확대시키고 삶의 주인공으로서의 자리를 위협한다.

직면할 수 있는 힘은 자기 자신의 본성을 제대로 믿을 때에

생긴다. 자신의 존재와 존재적 삶을 신뢰하지 않으면 모든 것
이 희미하고 어렵고 혼란스럽다. 어디에서 제대로 된 힘을 얻
을 수 있을지 자꾸 사방을 둘러보게 된다. 자기 자신의 존재를
존중하는 믿음이 두려움을 대하는 실제적인 중요한 힘이다.

4. 미움

『미움 받을 용기』라는 책이 한동안 인기를 끌고 주목받았다. 아들러보다 일본 학자가 말하고 싶은 이야기 정도로 이해하자면, 미움을 받아낼 용기가 필요한 것은 사실이다. 사실 조금만 더 내 자신을 들여다보면 단 한 번도 내 자신이 아닌 적이 없었다. 미움이든 뭐든 남의 평가와 인정으로부터 자유롭지 못하고 그 박자를 중요하게 고려해야 함도 사실이다.

내 자신이 살고 있음에도 내 멋 대로이지 못한 것과 그 이유를 따져 보는 것이 용기라 할 수 있다. 따지고 보면, 살아가는 데 용기가 필요하지 않은 적은 한 번도 없다. 이미 우리는 내 자신의 삶을 살기 위해 맘껏 용기 내어 살아 내고 있다.

새삼스럽게 미움을 견디는 용기에 눈물을 흘리며 감동을 받은 이유는 사실 다른 사람과의 간극으로부터 자유로울 수 없는 우리의 사회적 삶을 공식적으로 받아들이며 새삼스럽게 인정했기 때문이다. 누구라도 다른 사람의 다른 마음과 생각으로부터 늘 좋은 평가와 인정을 받기만 할 수는 없다.

어쩌면 미움은 서로 다른 것을 발견했을 때의 놀라움이다. 같지 않아 서운했던 감정이 응어리진 것일 수 있다.

미움이야말로 서로 무엇이 다른지를
정확하고 담백하게 찾아내고 인정하기만 해도
우리를 훨씬 가볍게 해 주는 감정이다.

그래서 미움은 관계를 발전시키고 다른 사람과 상황을 이해할 수 있는 넓은 폭을 허락하는 중요한 단서다. 따라서 미움을 부정적인 감정이라고 치워 버리거나 미워한다고 죄책감을 느낄 필요 없고, 미움을 받는다고 몸살을 앓을 필요도 없다. 다르다는 것을 어떻게 인정하고 공존할 것인지를 모색하고 시도하면 된다. 더 중요한 사실은 이 세상에 같은 사람은 하나도 없다는 사실이다. 다른 것이 새삼스러울 일은 아니다.

강박

영화 〈이보다 더 좋을 순 없다〉에서 고약한 유달은 결벽증과 편집증 환자다. 그의 주관만이 유일한 삶의 기준이다. 경직된 그에게 다른 사람이나 감정이라는 것은 보잘것없는 군더더기에 불과하다. 왜 그러한 것을 고려해야만 하는지 돌아볼 가치

    경계의 감정 Sentiment of the Edge

조차 없는 유달은 자기 기준대로 행동하며 자기만의 완벽을 추구한다. 예기치 않은 상황은 도전이며, 스트레스여서 다른 사람에게 괴팍하게 보일 수밖에 없다.

모름지기 '어떠해야만 한다'는 강박적인 말이야말로 경련을 일으킬 만큼 고통스럽다.

"학생은 공부를 해야만 한다."

"학생은 시키는 대로 말을 잘 들어야 한다."

"학생은 배우는 때야."

이런 이야기를 당연하게 강요하며 의심하지 않는 이유로 아이들이 학교를 떠나고 있다. 사실 우리가 매우 당연하다고 여기는 것부터 다시 생각한다면, 우리의 건강한 삶과 관계를 걱정할 필요는 훨씬 줄어들 것이다.

학생이 학업에 흥미가 없을 수도 있다. 학교를 다니고는 있지만, 공부—엄밀하게 말하면 시험이나 성적—에는 관심이 없을 수 있다. 배우는 것이 학생만의 본분은 아니다. 공부는 성적표에 나타나는 평가에 국한된 것이 아니다.

교육이라는 미명하에 어른들이 이런 말을 하면 아이들은 어른에 대한 반감보다 일단 말이 앞뒤가 맞지 않다는 생각을 한다. 비록 성적이 바닥이어도 생각조차 하지 못하는 아이는 하나도 없는데, 마치 생각의 깊이가 성적에 비례하는 줄 착각하는 어른들의 언행은 위협적이고 비합리적이기까지 하다.

이런 면에서 회사에서 '상사의 스타일을 따라야만 한다.'거나 '고객에게 친절해야만 한다.'는 오래된 명제는 생각해 볼 일이다. 이런 강박과 같은 요구로 직원이 직장을 떠나거나 직장에서 병들고 있다. 고객을 모시느라 자존심이나 기본 인권은 집 안방에 모셔 놓고 출근해야만 하는 경우도 생긴다. 일터에서 힘들게 일하는 많은 사람들이 고통을 호소하거나 회의에 빠져 은둔생활을 택하는 양상이 나타나는 이유다. 평생을 열망하던 일임에도 불구하고 그 일을 위해 지켜야 하는 강박과 같은 규준을 따르지 못해 좌절과 패배감으로 일터를 떠나는 경우는 그래도 자신을 지키려는 힘이 있는 사람의 선택이다.

강박을 돌아보지 않고 인정하지 않으면 고집스러운 울타리 안에 고립되어 간다. 강박적인 면이 있다는 것을 인정하지 않는다면, 어느 날 갑자기 세상이 미움과 공격을 일삼는 고통으로 무너질 수 있다.

강박은 우리를 날마다 신선하게
살아갈 수 있도록 도와주는 단서다.

강박을 인정하고 그로 인한 낭패감을 해결하다 보면, 시대와 세상의 흐름과 유연하게 소통하며 자라는 자신을 발견하게 될 것이다.

불만

이상과 현실의 거리를 말할 수 있는 사례는 많다. 가장 많이 공감하는 것이 'sweet home'이다. 영화나 CF에 나오는 주부들은 방긋 웃으며 살림을 하며 상냥하고 아름답고 우아하기까지 하다. 주방을 그렇게 꾸며서인지, 그 가전제품을 구비해서 그런지, 아니면 저런 아파트에 살면 그리 되는지 모르지만 공식적으로 알게 된 주부의 모습은 어떻든 우리 집과는 전혀 다른 정경이다. 분주하지만 가볍게 집안일을 쓱쓱 싹싹 해치우는 날렵하고 상냥한 주부의 모습. 또 가장은 어떤가? 적당한 무게감으로 강한 듯 부드러운 미소를 짓고 가족과 집안을 둘러보는 아버지는 책임감이 강한 표정으로 가족을 위해 기꺼이 일터로 향하고 가족이 힘이라는 강렬한 메시지를 여과 없이 표현하여 권위와 사랑을 두루 갖춘 모습이다. 게다가 집은 어떤가? 따뜻한 햇살이 들어오는 밝은 거실, 훈훈하지만 시원하게 통풍이 되는 집안, 마땅히 웃음을 선사하는 자녀, 잔잔하게 이 모든 가족들을 살뜰하게 여기는 노부모 등등. 어디에도 불안이나 걱정 없이 즐거운 이벤트와 지루하지 않은 일상이 끊이질 않는 것으로 보인다.

누가 이런 신화를 만들어 쇼윈도 부부, 쇼윈도 가족을 만든 건지 모르겠다. 아무튼 이 탓에 절망과 슬픔을 상대적으로 더 크게 느끼는 가여운 사람들이 있다.

'왜 우리 엄마는 저러지?'

'우리 집은 단란하거나 행복하지 않구나.'

'편하지 않은 것을 보니, 우리는 가족이 아닌가?'

'우리 가족이 이런 건 내가 불운한 사람이어서야.'

'아무리 생각해도 내가 잘못 태어난 것 같아.'

라는 생각으로 현실에서 좌절했다는 이야기로 아이들은 소란스러운 고발을 한다. 아이들은 서로 이야기하며

"나만 그랬던 게…… 아니구나."

라는 말로 안심을 표현하며 가볍게 털어내기도 한다. 마음 한구석의 의구심을 그렇게라도 벗어던지게 되었을 때 아이들이 느끼는 자유로움을 어른들은 잘 모르는 것 같다. 애면글면 끓였던 아이들의 속은 누구를 향한 분노나 폭력, 울분이 아니다. 단지 순진하게 그대로 믿었던 이상적인 가정의 모습과 너무 다른 현실을 당황스러워 할 뿐이다.

어른들도 그러지 않은가? 당황하면 화를 내곤 하는 것 말이

다. 당황하면 화를 내거나 조용히 침잠하거나 얼어붙어 버리거
나 각각의 반응이 나타나기 마련이다. 아이들의 사춘기적 자아
정체성 확립의 관문에는 이와 같은 이상과 현실의 괴리를 알아
차렸을 때의 혼돈을 정리하는 것이 있다.

5. 욕심

　마음에는 '욕심'이라는 것이 있다. 그런데 이것을 어떻게 보느냐가 중요하다. 원래 우리 몸에 암 인자는 누구나 늘 있다고 한다. 몸이 스트레스를 받거나 면역체계가 무슨 이유로든 약해졌을 때, 암 인자가 온몸을 점령하며 위험해지는 것이라는 설명이다. 욕심도 마찬가지로 우리 마음에 늘 있다. 눈으로 보거나 귀로 들어 알게 된 새로운 정보나 소식으로 생각과 감정의 균형이 깨지며 외부의 어떠한 것을 열망하는 정도가 지나치면 소유와 집착과 같은 다양한 행태로 나타난다. 욕심은 새롭게 자리 잡은 이물질이나 외부 환경의 공격이 아니다.

　욕심은 불만족스럽고 우리 자신을 괴롭히는 에너지가 가득한 감정이다. 그러기에 어떤 감정보다 충족되었을 때 우리의 마음을 일시적으로나마 가장 만족시킬 수 있다. 마음이 품고 있는 욕심은 함부로 부정하거나 외면하면 괴물 같은 힘을 드러낼 수 있다. 많이 생각하고 현실적인 위치를 파악하여 고려하는 것만

으로 합리적인 감정이 될 수 있는 것이 욕심이라는 점에서 매
력적이다.

욕심은 무조건 나쁘다기보다
욕심이 지나쳐 제어하지 않는 것이 문제다.

욕심을 부정하면 슬픔과 억울함과 분노 등 복잡한 감정이 마
음을 영 불편하게 한다. 차라리 욕심을 인정하고 욕심의 내용
을 분석하고 정리하며 제어하며 다스리는 것이 마음을 근신하
는 길이다. 욕심 아닌 척하는 게 우리의 마음을 혼란스럽고 고
통스럽게 하며 스스로를 변질시키는 무서운 함정이 될 수 있음
을 명심해야 한다.

굴절

어느 집 벽장에나 먼지 뒤집어쓴
해골 하나쯤은 있다. _영국 속담

누구나 숨기고 싶은 부끄러운 올챙이 시절이 있고, 이제는
벗어난 줄 알았지만 여전히 반복하는 자신의 모습으로 다시 한
탄하기도 한다. 돌이켜 보면 아쉽고 안타까운 지나간 시간이

있기 마련이다. 돌아갈 수 없음을 알기에 마음 아프게 기억하는 사람도 있고, 과거이기에 아름답게 떠올리기도 한다. 생각을 돌이키듯 상황을 돌이킬 수 있다면 정말 잘해 보겠는데, 기회와 시간은 불가항력적으로 돌아오지 않는다. 어느 집에나 있기 마련인 다락방의 오래된 해골은 어떤 사람에게는 그럴 수도 있는 사실이지만, 누군가는 오금을 펼 수 없는 무게로 억압하는 고통이어서 스스로 떳떳할 수 없는 멍에다.

말도 그렇다. 듣는 사람의 이해와 수용을 고려하지 않는 말은 의미 없다. 듣는 사람에게 내용이 없다면 그것은 말이 아니라, 그저 소리에 불과하다. 말하는 사람의 내용이 어떠하고 의도가 무엇이든, 듣는 사람의 이해와 수용이 따라야 한다.

대화는 말하는 사람에게만 힘과 영향력이 있는 게 아니다. 듣는 사람이 경청하고 이해해 주면 아주 고마운 일이다. 제대로 듣지 않거나 이해하지 않는 것에 대해 책망할 권한이 없다. 오히려 자기가 하고 싶은 말을 하며 자기 말을 들어주는 사람을 고려하지 못한 책임은 말하는 사람에게 있음이 중요하다. 사실의 규명이나 대화의 성립이 일방적으로 가능하지 않다는 점에 유념해야 한다.

우리는 생각하고 싶은 대로 생각하거나 보고 싶은 것만 보는 경향이 있다. 모든 것을 보고, 모든 것을 알 수 있는 것이 아니기에 적당한 구분과 경계는 있기 마련이며, 이는 개성의 증거일 수 있다. 개별적인 선별을 부정하거나 경직되게 고집한다면 세상을 자연스럽게 만끽하지 못하고 기계적으로 확인하듯 살게 된다. 다양한 빛의 각도로 풍부한 색을 누리는 게 아니라, 구조화된 조명의 굴절로만 인식하게 된다. 그것은 만족을 위해 구비하는 것에 불과할 뿐이다. 살아가면서 만족을 발견하고 누리고 만족을 만끽하는 역동과 흥분은 없는 과정이다.

망상

망상은 자기만의 생각으로 다른 사람이나 상황을 짐작하고 경계하는 것이 지나쳐 증오와 시기, 질투, 세상의 불공정이 자기를 공격하는 것으로 느껴지는 것, 즉 음모론에 마음이 점령당한 것을 뜻한다.

예쁘장한 여고생이 하루는 숨을 헐떡거리며 찾아와 길거리에서 모르는 사람과 시비 붙은 사건을 말해 주었다. 지나가는데 자기를 위아래로 훑어보며 째려보더니 실패한 쌍꺼풀 수술을 들먹거리며 흉을 봤다는 거다. 그래서 지나치며 욕설을 퍼부었더니 침을 뱉었고, 그래서 머리채를 잡고 살점을 뜯었다는 거다. 옆에 따라온 친구는

"기분장애예요. 신경 쓰지 마요. 그냥 미친 거예요."

라고 건조하게 내뱉었다. 아이는 이야기를 하면서도 흥분해서 들썩거리며 온갖 푸념을 늘어놓았다. 부모님과 선생님에 대한 원망, 그나마 남자 친구가 있으니까 다행이기는 한데, 그 친구도 나쁜 남자라 신경질 난다는 말이었다.

왜 온갖 세상이 나를 힘들게 하는가? 누가 나의 앞길을 이리도 잘 알아 막아서는지, 불평과 불만은 끝이 없다. 인기 많은 스타가 되는 것이 제대로 살 길이지만, 맘껏 지원해 주지 않는 부모님 때문에 남자 친구들과 놀 수밖에 없는 자기의 신세를 한탄한다.

망상은 자기와 다른 사람이 다른 지점의 같은 눈높이에 위치해 있다고 생각하지 않는다. 자기를 중심으로 360도 둘러선 모든 사람들이 늘 자기에게 등을 돌리든가 자기를 향해 모함과 고통을 주고 있다는 생각에서 벗어나지 못한다.

무엇보다 세상의 중심과 판단의 중심에
자기 기분과 확신이 완벽하게 자리 잡고 있다.

다른 것보다 인지의 오류가 영향이 크기에 망상으로 고통을 호소할 때는 각별히 조심스러워야 한다. 고조된 감정과 자기 확신으로 상당히 과격하거나 공격적일 수 있기 때문이다. 극

단적인 생각으로 치닫는 속도도 아주 빠르다는 점에 주의해야
한다.

연극

전혀 사실이 아닌 것을 오랫동안 신념과 같이 굳어진 곡해로
사실이라 믿는다. 사실을 모를 수도 있지만, 의도적인 경우도
있다. 한 번 굴절된 사실을 설명하기 위해 자기만의 논리가 어
느 일정한 방향으로 자리 잡은 것을 발견할 수 있다.

하나의 거짓을 정당하고 합리적으로 포장하기 위해

주변의 것들을 희생시키고 사실을 각색한다.

출발하는 지점에서 거짓이 절실할 뿐만 아니라, 그 거짓에
적합한 생각이 이미 내부적으로 자리 잡았기에 이런 사람과 사
실 여부를 따지려면 길고 지루한 과정에서 많은 공격과 고통
이 있다. 그가 가지고 있는 다양한 정황과 근거는 자기만의 논
리로 이미 왜곡된 기억일 뿐만 아니라 누구보다 선명하다. 의
도한 기억의 논리이기에 그렇다. 이러한 기억의 익숙함은 묵은
때와 같다. 묵은 때는 가늘고 작은 미세함이 오랫동안 쌓이며
공기 중의 떠도는 작은 먼지까지 끌어들인다. 변색할 뿐만 아

니라, 본디 형태를 착각할 정도로 뒤덮는다. 정확한 기억은 바라는 의도에 의한 재구성일 뿐이다.

무대에 오른 연극의 주제는 하나이며, 모든 배우들은 조연에 불과하다. 주인공의 완벽한 스토리를 위해 조연들의 희생과 헌신은 마땅하다. 거짓말은 그렇게 아주 간단한 주인공의 욕구에서 비롯된다. 자신의 의도를 이루기 위해, 치부를 숨기기 위해 조연들의 협조를 얻고 명분을 주기 위해 총감독으로서의 카리스마와 치밀하고 발 빠른 디테일이 최고인 아주 바쁜 삶을 산다.

오류

감정의 기복이 심하고 다른 사람을 공감하지 못하는 만큼이나 다른 사람의 감정에 냉담한 점에 주목해야 한다. 감정을 예민하게 살피는 것은 다른 사람과 어울려 함께 살아가기 위한 핵심적인 연결 고리다.

우리가 주고받는 말이 제대로 된 신호와 내용이 되는 것은 쉽지 않다. 그럼에도 '말하는 것'을 쉽게 생각하고 말로 모든 것이 된다고 간단하게 여길 수 있다. 말이 일회성이라고 생각해서

가지기 쉬운 태도다.

하지만 말은 듣는 사람의 귀를 통해 뇌에 저장되며, 그 사람을 이해하는 데 도움이 되는 중요한 데이터로 영원히 저장되고 사용된다. 글은 오랫동안 남고 말은 그렇지 않다고 생각하는데, 글은 기록했음에도 불구하고 읽지 않은 사람에게는 영원히 단절된 부유물에 불과할 수 있다. 반면 말은 의식적으로 기억하지 못한다 하여도 감각기관을 통해 뇌에 저장된다는 사실에 주목해야 한다.

우리가 일부의 묘사와 표현에 그치며 오류를 낳을 수 있는 단서는 대단히 중요하다. 우리가 감각하는 영역으로 실재의 범위는 좁아진다. 오감에 의한 정보는 뇌에 저장된다. 그리고 기억된다. 그것이 의식의 층이든 무의식의 층이든 영원한 빅 데이터로 저장된다. 얼마나 무궁무진하게 저장되는지에 대해서 생리학적인 설명이 정확하지 않다고 알고 있다.

지금 발달하고 주목받는 뇌 과학은 저장에 대한 놀라운 메커니즘을 밝히나 근원적으로 자발적이지 못한 뇌를 자발적이도록 할 수 있는 것은 아니다. 연구를 거듭해도 뇌는 근원적으로 자발적일 수 없다. 어떠한 점을 자극하고 주입함으로써 인지와 감정에 대한 변화를 초래할 수는 있지만 말이다.

뇌는 거의 영원히 기억한다. 다만 기억된 단서들이 어떤 고리로 엮어지느냐는 뇌에 저장하는 사람의 마음에 따른다. 기억을 이해하는 것은 어쩌면 그 사실에 대한 가치와 판단의 회로를 읽는 것과 같다.

　기억을 말하자면, 망각을 생각해야 한다. 망각은 삶을 가볍게 해 주는 작동이다. 기억될 때의 피곤과 중압감으로부터 우리들 자신을 지켜 주는 자연스러운 노력이다. 기억의 한계는 애달프고 안타까울 수 있지만, 사실은 축복이다. 아무리 아름다워도 30년, 20년, 10년을 생생하게 기억하면 그동안 보고 들은 것들이 얼마나 피곤하게 작동하겠는가? 자연스러운 소멸을 받아들이자.

　정말 기억하고 싶은 것은 그 사실인가?
　그 사실의 감정인가?

6. 기쁨

기쁘고 즐거운 것은 욕구가 충족되었을 때 느끼는 감정이다. 일종의 행복감이다. 그래서 웃고 즐거워하기를 억지로라도 권하는지 모르겠다.

현실치료를 정리한 William Glasser는 누구나 5가지의 욕구[4]가 있다고 했다. 그 중, 개인이 특별히 바라는 욕구가 월등하게 만족하면 다른 욕구 충족의 부족에 크게 개의하지 않을 수 있다고 설명하는 것은 타당한 관점이다. 실제로 사람들의 다양한 생각과 경험을 다루다 보면 사람마다 특별히 주안점을 두는 영역이 뚜렷하게 차이난다는 사실을 발견할 수 있다.

기쁨을 긍정적인 감정이라고 말하는 것에 가끔 저항을 느낀

---

4) William Glasser는 자유, 재미, 인정과 힘, 사랑과 소속, 생존의 5가지 욕구가 매슬로우와 달리 위계적이지 않다고 봄.

다. 누군가의 기쁨이 다른 누군가의 슬픔과 패배, 혹은 소외와 상처라면 그것은 정말 기쁜 것인지 둘러보게 된다. 충족된 만족과 욕구라는 것이 어떤 설정과 조건에서의 평가와 판단이냐에 따라 다분히 공격적이고 전투적일 수 있다는 점을 간과하기 쉽다. 나의 점유와 성공적인 선택으로 누군가는 기회를 잃고 좌절하게 된다면, 단지 경쟁적인 우위에서의 일시적인 만족이다. 기쁨은 제로섬 내에서의 수많은 패배와 절망이 이동한 값에 불과할 수 있다. 그 잃은 기회와 좌절을 생각한다면 단순하게 기쁘고 만족스럽게 여길 수만은 없다.

제로섬이 아닌 서로 다양하게 다른 점을 인정하며
모두 함께 만족할 때, 비로소 안심하고 기뻐할 수 있다.

그런가 하면, 충분히 누리고 있는 사람이 더 이상 즐겁지 않다고 불평할 때가 있다. 그의 마음에 감사와 만족이 사라진 것은 이미 함께 좋은 세상이 아닌 '나만' 생각한 만족과 기쁨으로 각도가 틀어졌기 때문이다. 우리가 점검하고 노력해야 하는 것은 기쁘고 만족하는 것뿐만 아니라, 무엇을 어떻게 만족하려는가에 대한 진지한 접근이다.

조증

지나친 기쁨과 충동적인 비약으로 자신감이 충천하곤 한다. 해야겠다는 생각이 드는 순간, 조금도 지연할 수 없는 조급함으로 주변에게도 함께 움직일 것을 강요한다. 이런 과정에서 다른 사람의 감정이나 상황을 고려하거나 존중하는 것이 아니라, 무시하고 자기가 바라는 바의 충족에만 모든 촉각과 에너지가 집중되어 있다.

하고 싶은 충동이 일었는데 조금이라도 지체되거나 연기되는 것을 받아들이기 어려워한다. 다분히 과잉행동을 보이며 제재받을 때 분노가 폭발하는 경우가 많다. 지나치게 고조된 기분이 주변을 지치게 한다.

이와 관련하여, 아이들의 ADHD가 학습과 친구들과의 관계에 문제 있다며 주목한다. 그러나 이제는 어른 ADHD를 새롭게 주목하며 고민해야 할 것 같다. 어른들이 자기의 만족과 욕구에만 집중해서 주변 상황을 고려하지 못하며 생기는 여러 상황과 사건을 보면, 어린이의 ADHD와 양상이 다르지 않다.

돈이나 명예, 권력에의 욕구를 현실적으로 이해하거나 관리하지 못해서 벌어지는 여러 사건들은 만족에만 집중한 편협을 드러낸다. 누구라도 한순간 정신을 차리지 않으면 그렇게 혼돈에 빠질 수 있다. 꽤 사교적인 사람일수록 조증과 ADHD의 위

험이 크다. 어쩌면 주변으로부터 관심과 인정이 지속적으로 필
요하기 때문에 그 욕구를 충족하기 위한 습관일 수 있다.

일찍이 러셀은 지루함의 미덕을 추천했다.
빠르고 많은 것에 관심과 에너지를 돌리며
자신을 잃지 않으려면, 지루함을 즐기라고 조언했다.

합리화

아이에게 크리스마스면 산타클로스가 찾아오는 동화를 오래
지속시켜 주고 싶은 부모가 있는가 하면, 건조할지언정 아이가
사실을 빨리 알수록 좋을 거라 생각하는 부모도 있다.

무엇이 옳거나 마음이 편한지를 너무 따지지 말자. 각 개인
의 신념에 의한 선택이며 결정이다. 이런 것까지 명시하거나
동일하기를 바란다면, 정말이지 우리는 기꺼이 개성과 찬란한
문화를 인스턴트화하겠다는 말밖에 안 된다.

이상과 현실에 대한 발견과 인식을 어떻게 받아들이느냐는
어리석을수록 느리고 부정확한 것이 아니다. 오히려 어떻게 살
기를 바라는 신념이나 가치에 의해 결정된다. 속도나 시간 혹
은 내용의 수위로 적절하다거나 비합리적이라 단언하지 말아
야 한다. 그 나름의 인정과 존중이 필요하다.

우리를 당황시키는 문제 중의 하나는 '당연'한 것을 당연하지 않게 생각하거나 행동했을 때 발생한다. 모든 사람이 당연하다고 하는데 혼자만 생소하게 느낄 수 있다. 혹은 모두 생소한데 혼자서 혹은 몇몇이 그런대로 괜찮다고 마음 편하게 바라볼 수도 있다. 이러한 사소하고 소소한 하나의 단편을 다르게 바라보는 것에 따라 일탈행동에 대한 기본적인 태도, 그리고 행동한 사람에 대한 이해와 관용에 차이가 난다.

자녀의 사춘기를 힘들게 보낸 부모들의 하소연을 들어 보면 부모들이 생각하고 규정하는 일탈행동의 범주와 수위가 획일적으로 같지 않지만, 의외로 경직된 수위를 공통적으로 발견할 수 있다. 집이나 학교에서 어른들이 당연하다고 규정해 준 한계의 유연성과 강제성이 아이로 하여금 행동을 선택하는 자율적인 책임감에 큰 영향을 준다.

히스테리

욕구 충족이 강렬할수록 세상과 삶에 대한 조망이 좁아질 가능성이 크다. 자기가 세상의 중심이라 생각하여 만족의 기준을 자기 자신에게만 두기 때문이다. 대부분의 사람들이 자기를 벗어나 온전히 객관적인 시각을 갖기란 어렵다.

하지만 욕구 충족을 강렬하게 바랄수록 시각은 자신, 특히 욕구와 그 욕구의 만족에만 집중된다. 자연스레 경쟁적인 승부를 고려하고, 살아가는 현장이 일종의 전장으로 인식된다.

이들에게 감정이란 생존을 위협하는 변수의 반응이다. 말미잘이나 연체동물이 자신의 온몸으로 세상을 감지하고 반응하듯 이들의 촉각은 생존을 위해 예민하게 곤두선다. 자기중심적인 사람이 예기치 못한 상황에서 히스테리를 야기하는 것은 당연하다. 촉각이 마비될 정도의 자극과 상황이 생존을 위협하는 것으로 감지되기 때문이다. 그들은 생존을 지키기 위해 반응할 뿐이다. 그것이 다른 사람에게는 지나친 반응으로 관찰되나, 그들 자신에게는 합리적이고 지극히 정상이다.

"나를 공격하는데, 그럼 어떻게 해요?
같이 공격해서 나를 지키는 게 당연하죠."

히스테리 행동 이후, 이들이 공통적으로 하는 천진난만한 변론이다.

7. 사랑

사랑은 가장 중요한 감정으로 인정받고 있다. 누가 사랑을 마다하겠는가? 하지만 사랑이라고 해서 모두 아름답고 훌륭하다고 성급하게 인정하지 말자. 당신의 사랑을 바라지 않는데 끝까지 부어 준다면, 그 관심과 애정을 거부하고 싶다. 세상에는 '사랑'이라는 이름으로 괴롭히고 속박하고 들볶는 무책임한 일이 얼마나 많은가.

생각 없이 사랑하는 것은 천박하고 무책임하며 동물적이다. 생각과 이성의 통제와 처리를 거치지 않았기에 비합리적이며 충동적일 뿐이다. 하지만 '사랑'은 논리를 능가한다는 감성적인 속성으로 인정받으며 누구에게나 힘이 된다. 다른 한편으로는 이성적이고 과학적인 논리만을 신뢰하는 풍조는 사랑을 믿지 않는 궤변을 낳는다. 누구도 자유롭지 않은 상황에서 사랑을 충분히 느끼기란 어렵다. 사랑이야말로 하는 사람의 만족을 말하는 것이 아니라, 받는 사람에게서 비로소 완성된다. 받고 싶어 하는 사랑의 내용으로 사랑하려는 노력으로 살피고 챙기며 예민하고 조심스러워야 사랑이다.

원더우먼은 심리학자인 윌리엄 몰턴 마스턴[5]에 의해 만들어 진 영웅이다. 사실 원더우먼 캐릭터는 어떤 영웅보다 의미심장 하다. 요즘은 워킹 맘의 피로를 염려하며 원더우먼 신드롬을 주의하라는 표현으로 문제의 함정으로 느껴지는 면이 없지 않 지만, 사실 원더우먼은 가장 독특한 영웅 캐릭터다.

마스턴이 원더우먼을 만들기 위해 빌려온 것은 그리스 신화 이고 헤라클레스처럼 힘이 세고 아테나의 지혜, 아프로디테의 아름다움을 모두 갖춘 존재로 그의 유일한 무기는 올가미다. 진실의 올가미에 묶이면 누구나 진실만을 말하게 되고, 세뇌당 하거나 왜곡된 인지가 정상적으로 회복된다.

신화적인 존재인 원더우먼 캐릭터에서 가장 중요한 특성은 죄인을 찾아내지만 그녀의 손으로 직접 벌을 내린 적은 한 번 도 없다. 마스턴은 사랑이 마초적인 영웅 못지않은 문제 해결 능력이 있다는 것을 말하려 했고, 그런 선한 초능력을 원더우 먼에게 주었다.

---

5) William Moulton Marston(1893–1947)

후에 많은 작가들의 손을 거치고 사회적 변화에 맞추어 원더우먼의 활약상은 달라졌지만 원래 마스턴의 의도는 이러했다. 거짓말 탐지기를 만들어 낸 심리학자의 작품 캐릭터가 진실의 올가미를 휘두르며 악을 소탕하되 범인은 경찰이나 공권력에게 넘겨준다는 것은 정말 의미심장하다.

사랑을 긍정적인 감정이라 의심하지 않는
우리의 습관과 일반화된 시각을 점검하자.

어떤 감정도 직면하고 인정하고 들여다보며 살피지 않으면 병리적일 수 있다. 어떤 감정이든 유별나게 만병통치약으로 늘 긍정적인 효과와 영향력일 수는 없다.

집착

세상에서 가장 아름다운 사랑이 어머니의 사랑이고, 어머니라는 이름만 떠올려도 목이 메고 눈물이 나며 가슴이 따뜻해진다는 멘트를 많이 듣는다. 모든 사람에게 모든 상황에서 이 말이 맞는다고 할 수 없다. 요즘은 어머니들의 적극적인 애정과 사랑이 지나쳐 집착하고 관여하는 특징도 심각한 사회 문제로 나타나고 있다.

청년 취업 문제가 심각하다며 어느 여대생의 취업을 의뢰받은 헤드헌터가 다행스럽게도 이를 해결했다. 그런데 일주일도 안 되어서 여대생의 모친에게서 모진 연락을 받았다. 내용인즉 우리 딸이 어떤 아인데 C사, S사 같은 대기업이 아닌 데를 소개할 수 있느냐며 험한 독설로 몇 십 분 동안 항의했다는 것이다. 참다못한 헤드헌터가 전문학사여서 어렵다는 대꾸를 했다가 더 심한 치도곤을 당했다. 요즘이 어떤 세대인데 학력과 전공으로 차별하는가 항의하는데, 나중에는 눈물이 나더라는 이야기를 들었다.

'헬리콥터 맘'이며 '잔디 깎기 맘'이라는 식의 수식어는 자녀의 학업, 진학, 취업, 심지어 결혼 그리고 경력 개발에까지 대단한 관심과 열성으로 사랑을 쏟는 어머니들의 후대에 대한 모성을 묘사한다. 사랑도 집착이고 노력이어서 아예 다른 것이라고 구분하고 싶지만, 엄마들의 뜨거운 관심과 열심을 생각하자면 비난만하는 게 가슴 아프다. 연애도 그렇고, 우애, 동료, 친구의 사랑도 그렇다. 모든 것을 알아야 사랑이라는 생각으로 기호, 선택의 여지, 여가의 내용 등 드러나는 활동의 내용을 많이 아는 것을 동일하게 여기게 된다면 정보의 축적과 사랑이 겨루는 꼴이다. 정보의 제공은 대가를 요구하고, 계산적인 모양새로 변질되는 지점이다.

편애

편애는 아픈 감정이다. 사랑을 고루 하지 못해서 문제가 아니라, 사랑하는 사람의 왜곡된 인지와 익숙한 습관을 돌아보지 못한다는 면에서 아픈 감정이다. 감정은 보다 잘 이해하도록 돕기에 사랑조차도 생각하며 살피는 것이 중요하다.

그런데 편애는 자기 확신과 논리적인 이유가 분명한 경우가 많다. 보다 마음에 들거나 보다 마음이 아픈 이유, 또 사랑하고 칭찬하지 않으려고 해도 그럴 수 없는 이유를 나열한다. 그런데 여기에는 논리적인 함정이 숨어 있다.

사랑에 이유와 동기가 뚜렷할 때,
그 사랑에 얹은 조건이 무엇인가를
냉철하게 살펴야 한다.

마음에 차등을 두었을 때 생각하며 점검하기를 부지런히 하지 않고 습관으로 굳어진 경우, 병리적인 감정과 인식의 오류의 가능성을 배제할 수 없다.

중립

사람들을 만나서 대화할 때 어떤 자세인가에 대한 주제로 다양한 이야기를 했다. 아주 가볍게 '중립'적인 태도를 말했을 때 노 교수님의 집요한 질문에 당황했다.

"정말 중립적인 것이 도움이 되나? 정말 중립적일 수 있나?"

당연하다고 대답하고 이해 못하실 리 없다고 생각하며 차근차근 설명까지 했다.

"아니, 정말 그렇게 중립적으로 대화한다면,
사람들이 당신에게 어떻게 마음을 열어요?"

교수님의 말씀은 이미 만나는 사람을 존중하고 그의 말에 귀 기울이며 공감하는 것 자체가 그 사람 위주의 입장이라는 깊은 자각을 짚어준 것이다. 괜스레 이론적으로 '중립'적이라는 말이 그럴듯하고, 높은 가치를 공정하게 지키는 것인 줄 생각하지 말라는 의미였다. 아주 충격적인 경험이었다.

CEO나 회사의 중역들이 임직원을 편애하는 것은 조직문화에 나쁜 영향을 준다. 그런데 편애보다도 중립적인 태도가 조직문화에 더 도움이 되지 않는다.

대화는 다양한 측면에서의 일관된 가치관과 신념을 확인하며 서로 이해하는 과정이다. 그래서 바쁜 중에도 대화 시간을 기꺼이 할애한다. 그런데 회사의 중역이나 CEO가 어떤 사안이든 중립적인 자세를 취하고 판단하거나 평가하지 않는 조심스러운 태도를 보인다면 어떨까? 이것은 함께 대화하는 직원에게 공유하려는 의지를 표현하지 않는 셈이다. 그런 이유로 상대방은 자신에게 제한적이라는 메시지로 이해한다. 좋게 말하면 신사적이나 너무 냉철해서 '당신과 상관없다'는 태도를 서늘하게 느낄 수 있다. 이는 조직에 대한 충성도와 연대감을 반감하도록 재조정한다. 어떤 입장이든 명확하게 밝히는 것은 긴 설명으로 중립적인 냉철함을 유지하는 것보다 중요하다.

> *'가치중립적'이라는 말에 현혹되어*
> *지금 함께 이야기하는 사람을*
> *소외하지 않도록 해야 한다.*

상대방을 존중하며 인정하는 것은 중립적이지 않은 명료한 표현으로 가능하다. 이러한 태도는 관계와 대화의 질에 중요한 영향을 준다. 지금 함께 하고 있는 사람에게 기꺼이 당신의 편이라는 것을 표현한다면, 마음을 얻는 결정적인 계기가 되고 신뢰는 더욱 확고해진다. 커다란 보상보다 훨씬 효과적이며 관계를 지속시켜줄 수 있는 방법이다.

Ⅲ

감정의 이해

: 경계는 선이 아니다

Ⅲ.

　오랫동안 심리학이나 교육학에서는 사람을 '어떠한 자극과 상황에서 그에 대한 반응을 어떻게 하는 존재'라는 점으로 개인적 특질이나 범주를 설명해 왔다. 연구자의 전문성과 별개로 자극과 반응을 관찰하는 과정은 완벽하기 어렵다. 관찰 과정과 방법은 인위적으로 표준화한 조건의 실험이지만, 개인마다 타고난 차이를 고려하지 못한 한계가 있어 사실 논리적인 사각지대임을 유념해야 한다.

　사람을 이해한다는 것은 어떤 면에서는 무모하기 짝이 없는 시도다. 일상적이고 평온한 상태에서 사람들의 신체와 움직임을 관찰해도 똑같은 경우를 만나기란 쉽지 않다. 같은 공간, 같은 시간에 있는 사람들의 생각을 조사하면 더 다양한 내용을 수집할 수 있을 것이다.

　하물며 '어떠한 자극'이라는 조건에 대한 '반응'이라는 보다 구체적인 특별한 상황에서 관찰할 수 있는 행동은 유사하게 보여도 같은 것은 아닐 게 분명하다. 게다가 설정한 조건의 자극에 대한 이해와 자극을 기억하는 내용, 그 기억을 나중에 활용하는 또 다른 기억 등까지 포함한다면 똑같은 사람은 없다고 보는 게 맞다. 얼마나 많은 사람들을, 얼마나 정밀하게 조사하고 연구해서 소위 '일반'적이라는 범주를 도출해 낼 수 있는지 연구의 수준과 별개로 난해한 점이다.

사람은 어떠한 것에 대하여 느끼고 그에 대해 적절한 반응을 하게끔 태어났다. 어떤 것에 대하여 어떻게 느끼고, 어떤 반응을 할 것인지는 개인의 타고난 오감과 겪어 낸 경험, 그리고 그 경험들이 축적된 기억, 기억을 현재 상황에 적합하게 적용하는 일정한 순서와 패턴 등이 중요한 특질이다. 이러한 일련의 과정들은 개인별로 다르기에 '개성'이라 한다. 이 독특함을 이해하기 위해 당신과 다른 나의 무엇을 찾아내고, 납득하는 것은 중요하다. 개인의 특질은 이미 타고난다.

'나를 찾는 여행'은 평생에 걸쳐 차근차근
또 꼼꼼하게 끊임없이 진행해야 한다.
진정한 삶의 질은 촘촘한 이 과정으로 배어날 때에
비로소 확신할 수 있는 선물이며 보상이다.

이 지루한 과정을 보다 빠르고 간략하게 해버리든가, 혹은 나와 다른 남과 비교해서 차이를 파악하면 효율적인지는 몰라도 자기를 제대로 이해하는 것은 아니다. 짧은 기간의 안도를 누릴지는 몰라도 금세 말라 버리는 얕은 웅덩이와 같이 의심과 불안으로 더 혼란스러워진다. 아무래도 자기를 모르겠다는 혼돈의 어려움으로 훨씬 더 고통스러워진다. 자기를 불신하고 소외하며 삶을 온통 허비하게 된다.

우리가 자신에 대해 깊이 생각하지 않는다면 '자극-반응' 외에는 없다고 여기며, 스스로를 단편적으로 이해하고 만다. 당신은 어쩔 수 없는 자극에 속수무책으로 노출되어 단지 반응 외에 다른 것은 할 수 없는 존재가 아니다. 우리는 말미잘과 다르다. 말미잘은 반응을 단지 빠르게 할 수 있다면, 우리는 자극이 무엇인지, 그것이 무슨 신호인지, 그래서 어떻게 반응해야 할지, 그 반응이 정말 반응에 그치는지 아니면 또 다른 메시지인지 등을 고려하고 생각하고 추론하며 선택할 수 있는 사고력과 언어가 있는 사람이다.

우선적으로 주목할 것은 너무나 개별적이지만, 다른 사람들과 함께 있는 우리 자신의 존재다. 역사 이래로 동일한 지문을 가진 사람이 하나도 없다는 사실은 경이롭다. 지문 하나도 개인의 고유함을 보여 주는데, 하물며 나와 다른 사람들의 다양함과 복잡한 감정, 경험 등의 복잡함에 질리지 말아야 한다.

　　　　　　　　　경계의 감정 Sentiment of the Edge

‘대부분’ 혹은 ‘평균적으로’라는 식의 표현으로 던지는 경계는 선 안에 있든 밖에 있든 자신의 한계에 대해 불안하도록 우리를 길들인다. 통계와 범주는 마치 안전지대를 단언하듯 사용되고, 유일한 존재인 우리는 분포도에서 안전한 지점에 있기를 내심 바란다. 그래서 불안이나 공포를 느끼지 않을 그룹에 속하기 위해 온전한 자신을 선택하며 표현해야 하는지, 아니면 안전한 선택을 할 것인지 갈팡질팡한다. 이와 같이 자신을 분열하는 고통이 사회화라고 생각하며 적응하려 노력한다.

천편일률적인 범주를 정하고 경계를 나타내는 것은 ‘선(線)’안에서 안전하고 싶은 욕구를 조금 더 명확하게 충족하려는 시도다. 공교롭게도 효율적으로 안전을 누리려는 바람으로 우리 스스로를 분열하며 괴롭히는 꼴이 된 셈이다. 경계 밖의 사람들을 염려하여 함께 안전지대에 머물려는 강박은 어쩌면 일방적인 태도다.

더 나아가 경계나 한계를 중심으로 낙인을 부여한다. 우리를 보호하려는 목적이라지만, 낙인은 어떻든 소유와 귀책에 대한 명확한 표시다. 울타리 안팎이 우리 자신에게 그리 중요할 이유는 없다. 그럼에도 위치와 방향을 거듭 확인하며 안심하도록 길들이는 것은 우리의 시선과 마음의 중심을 분산시킨다. 위치 확인은 우리 자신으로부터 시선을 빼앗는 교묘함이 숨어 있다.

그 정도의 확인이나 위치 여하에 따를 필요 없는 충분함이 우리 모두에게 있음에도 불구하고 말이다.

감정과 생각은 지문(指紋)과도 같아서
누구와도 동일하지 않다.

제각각인 지문을 유형별로 묶어 동일하게 취급하면 예기치 못한 사회문제가 발생할 것이다. 마찬가지로 개인의 감정과 생각은 고유함에도 불구하고 간편한 이해와 설명을 위해 범주화를 마다하지 않는데, 지문을 범주화하는 것만큼 위험하다.

개인의 경험과 기억 그리고 인지와 감정이 고유함에도 불구하고 범주로 묶는 것은 황당한 사각지대에 빠지게 한다. 그럼에도 우리는 과학적이라는 이름으로-대량의 데이터 값과 타당한 가설과 증명이 신뢰도를 말한다고 하지만, 숫자로 말하는 것일 뿐- 대략적인 접근을 정확한 것으로 둔갑시키기를 마다하지 않고 있다. 일반화된 틀에 의해 서술된 성격 설명으로 자신을 이해하는 것은 납득하기 어렵다. 여기부터 스스로를 잃어가며 혼란스러워 하는 것일 수 있다. 이런 혼란으로 자기의 존재 가치를 제대로 인정하기보다 의심하는 불안이 시작된다. 현존하는 자신을 다른 사람이 정리한 구조로 들여다보고 이해한다는 것은 재미있는 발상이다. 'the tail wagging the dog'이라는

     경계의 감정 Sentiment of the Edge

격언은 적합한 표현이다. 몸이 꼬리를 흔들지, 꼬리가 몸통을 흔들 수야 없지 않겠는가?

힘들게 산을 오르면 반드시 뒤를 돌아보아야 한다.
내 영혼이 따라오는지 확인해라.
영혼을 잃으면 순간순간의 행복을 놓친다. _몽골 격언

행복을 오해하기에 필요 이상의 실망을 한다. 행복은 가시적인 조건이 충족되는 어느 지점에 자리 잡은 요새가 아니다. 주변에 늘 널려 있는 햇빛과 수분이 어느 찰나에만 무지개일 수 있듯 행복은 그런 운동성이 속성이다. 그래서 행복한 순간이 지속되기를 바라면 바랄수록 지나친 욕심과 집착으로 상처와 실망을 낳고 허무해진다. 행복은 '늘' 자신을 돌보고 챙기기를 부지런히 해야 적응적인 변화로 지속할 수 있다.

행복은 현재적인 순간의 충분함이다. 늘 현재라는 시제이기에 만족하는 순간 과거가 된다. 행복은 절대적으로 주관적인 감정이다. 행복의 긴장감은 여기에서 비롯된다.

날마다 파묻히는 일과 상황의 연속, 세상의 급한 채근들, 해야만 하는 의무와 역할 등등 정신 차릴 새 없는 분주함을 거스르며 사는 게 쉬운 일은 아니다. 하지만 자신을 늘 돌아보아 내 영혼을 챙기는 것은 간간이 할 수 있다.

행복이 만약 동일한 지점이라면 목표가 분명하고 목적이 뚜렷한 사람일수록 더욱 행복할 것이다. 그리고 바라는 바를 성취하고 달성한 사람이 보상처럼 얻어 누리는 것이 행복이어야만 한다. 실상 행복은 그런 목표치가 아니다. 결과치가 단연코 아니다.

분명한 행복을 바라면서
자기를 온전히 알지 못한다면 사실 난센스다.

공동선(共同善)은 같은 모양새가 아니라, 각 개인의 타고난 대로 각자가 충실한 것이다. 행복도 마찬가지다. 그 내용과 모양새는 사람마다 다르다. 그런데 여태 우리는 행복에의 열망과 기대가 유사하다는 이유만으로 동일한 모습의 어느 지점, 어떤 구비여야 한다고 여겼다.

어떻게 살아야 하는지에 대한 사람들의 궁금증과 열망은 강하다. 어떤 입장에서든 제대로 살고 잘 살아야 한다는 바람은 누구에게나 있다. 우리는 나름대로 건강하게 살 수 있다. 다만 각자에게 적합한 바를 잡아내야 한다. 자신의 생각과 감정에 집중하지 않으며 자기 스스로를 잘 안다고 할 수 없다. 자기의 생각과 감정에 면밀해 스스로를 알고 이해해야 생동감이 있으며, 선택과 결정이 주도적일 때, 스스로 만족한 행복을 느낄 수 있다.

의도치 않은 상황과 예기치 못한 입장에 놓인 순간에 스스로를 놓치고 현명하기란 쉽지 않다. 마치 얇은 도금 처리로 언뜻 그럴듯해 보이지만, 시간이 흐르며 얇은 막은 벗겨져 흉한 몰골을 드러내기 마련이다. 부지런히 도금을 덧입힐 수 있지만 대증적이며 한시적인 눈가림에 불과할 뿐이다.

자기를 놓치면 잠시도 멈추지 않는 외부 환경과 조건에 휘둘리며 혼란과 불안에 전전긍긍하기 십상이다. 상대적으로 보다 괜찮으리라 가늠되는 것에 조급하게 치중하게 된다. 이런 경우 손에 잡았다고 생각한 것으로 괜찮다고 위안한다.

다행히도 제대로 된 것을 확보했다는 안도감으로 손바닥을 펴는 순간, 사라지는 허무함에 무너지게 된다. 지금껏 애써 지켜 온 것은 신기루에 불과할 뿐 남는 것은 아쉽고 서글픈 후회뿐이다. 어쩌면 회한은 번민에 그치지 않고 분노에 다다를 수 있다. 얼마나 그것을 갈망했고 의존했는지에 따라 쌓여진 감정 응어리는 사람마다, 상황마다 다를 것이다.

어떻든 끝까지 남는 것은 자기 자신이기에 무슨 상황에도 자신의 자리를 자기 외의 것에 내어 주어서는 안 된다. 자신의 생각을 모르고 감정을 외면하며 삶의 질을 향상하는 것은 불가능하다.

주변의 조건과 외부 환경 요소를 대대적으로 개비하는 것과 주인공을 교체하는 것은 전혀 다른 말이다. 『인어공주』를 우주라는 배경에서 전자파의 무한한 배경으로 각색하는 것과 주인공을 심청이로 교체하는 것은 다르다. 늘 주인공이어야만 하는 주체는 삶의 본질에서 벗어난 대체물이 될 수 없다. 조건과 자기 자신을 헷갈리지 말아야 한다.

감정은 대단히 중요하며
그것은 함부로 경시하면 안 되고,
마찬가지로 살피고 돌아보기를
게을리 해서는 안 된다는 점에 유의하자.

특별히 문제되는 사람이 있는 것이 아니며, 문제적인 감정이 따로 있는 게 아니다. 감정이어서 문제의 원인이거나 촉발되는 것도 아니다. 그래서 선을 긋거나 통계 수치로 경계 내의 안전을 강요하는 식의 세뇌에 지배받지 말아야 한다. 스스로를 챙기면 된다. 우리가 사는 이유는 나의 존재와 존재에 충실한 삶을 위해서다. '내 삶'을 사는데, 일과 시간 혹은 다른 놀이에 쫓겨 내 자신을 놓친다는 것은 중대한 문제다. 다른 사람이 설정해서 제시하는 것에 맞추려는 것은 더 심각한 문제다. 모든 것이 발달하고 풍족함에도 불구하고 우리를 집단적으로 괴롭히

　　　경계의 감정 Sentiment of the Edge

는 것은 빠른 기술과 산업이 우리 자신에 대한 시선과 생각을 빼앗는 음모로부터 비롯된다. 정신을 바짝 차리고 내 자신을 챙기는 것이야말로 삶의 질을 위한 당연한 요구다.

자신을 제대로 챙기고 보살피지 못했을 수도 있다. 괜찮다. 지금부터 서로를 위로하며 자신을 돌보면 된다. 인간의 가장 위대함은 상황의 문제를 해결하는 데에 그치지 않고, 우리의 존재를 놓치지 않고 충분히 살려 낸다는 데 있다.

I장과 II장에서는 부정적인 감정과 긍정적인 감정의 구분이 타당하다고 할 수 있는지의 여부에 대해 생각했다. III장에서는 그렇다면 감정과 이성의 구분이 타당한가를 알아보겠다.

1. 본성

　본성에 대하여 생각하지 않고 신뢰하지 않으면서 보다 많은 것을 소유하거나 행동하여 잘 살 수 있다고 착각한다. 자기 스스로가 어떤 사람인 줄 모르고 다른 사람을 부러워하거나 흉내 내는 것은 불행하기 짝이 없는 노릇이다.

　『중용』에서는 이를 '소인(小人)'[6]이라 했다. 『중용』에서는 소인은 모방을 일삼으니 보다 나은 것을 찾아 좇느라 분주할 뿐만 아니라 자기 자신에 대한 만족은 물 건너가 있다고 한다. 이러한 직면이 없다면 풍요 속에 빈곤한 마음과 마음의 병은 더 심화될 뿐이다. 나의 시점은 측은지심이었으나 당신에게는 그것이 간섭과 폭력으로 느껴지는 지점도 바로 여기다.

---

[6] 중용 2장-4장

　지금 우리의 교육과 진로는 실존주의적인 입장이다. 본성적으로 적합하고 만족할 만한 것을 살려내려는 게 아니라, 지향점을 선택하며 만들어가는 태도를 견지한다. 실존주의적으로 말하자면, 본성은 과정으로 매진해 나가는 꼴이니 사람의 지향을 중요하게 다룰 수밖에 없다.

　역사 이래 가장 풍요로운 시대를 살고 있지만, 어느 때보다 결핍으로 분노하고 고통을 호소하는 지금의 이유는 이러한 시각의 영향이다. 절대 자유로운 존재인 인간의 선택으로 만들어진 삶의 모양새가 추구하는 행복과 일치하지 않는다는 회의적인 절망이 가득하다.

　본성에 대해 오해하는 게 있다. 모든 사람의 본성은 동일한 모양과 내용일 거라는 설정이다. 인간의 본성이 모두 '좋은(善)'데 그 본성을 나타내는 기질은 개인마다 다르다. 어떤 기질은 강직하고 어떤 기질은 유약하며, 어떤 기질은 사람들을 연합하고 격려하지만 어떤 기질은 벽을 보고 하루 종일 있어도 고독이나 불편을 느끼지 않을 수 있다. 본성에 대해 이야기를 하다 보면 분분한 의견이 대립하는 지점은 좋은 기질과 나쁜 기질에 대한 견고한 판단이다.

좋고 나쁨을 가르려는 것 또한 오해다.

사람마다 성정이 다르고 그 성정이라 할 수 있는 기질도 천차만별이다. 어떤 기준과 시각에 따라 아주 불편하고, 경우에 따라 간단하고 쉬울 수도 있다. 서로 다른 사람들이 함께 하는 이유는 각 성정(性情)의 다양함이 중요하기 때문이다.

아무리 유유상종이어도 같은 성정을 만나는 것은 어렵고 설령 유사할 뿐이지 같지 않다. 어차피 모든 사람이 독특한 기질이라면, 함께 하는 다른 이들과 잘 지내며 서로를 인정하는 게 중요하고 좋다. 나의 기준에서 좋은 사람이나 싫은 사람이라는 판단을 성급하고 배타적으로 하지 않는 자세가 필요하다.

모든 사람이 다 제각기 훌륭하고
값진 존재임을 잊지 말아야 한다.

이런 의미에서 우리의 본성은 모두 좋다. 약삭빠르거나 곰 같은 것도 모두 나름의 가치와 의미다. 우리의 존중과 배려는 이렇게 유일하고 다양한 본성을 인정하며 출발한다. 단지 내 맘에 드느냐 들지 않느냐가 예민하게 작동할 뿐이니, 오히려 다스리고 잡아야 하는 것은 빠르게 판단하려는 마음이다.

 경계의 감정 Sentiment of the Edge

자기이해

자기를 알고 이해하라는 주제로 사람들과 대화를 하다보면, 자기 자신을 모르는 사람도 있는지 의아해 하며 되묻곤 한다. '나는 누구인지, 어떤 사람인지'라는 질문과 주제는 역사가 지속되는 한 중요한 핵심이다. 원대하고 뚜렷한 삶의 목적이나 존재론적 회의를 말하는 게 아니다. 자신이 어떠한 사람이라는 궁극적이고 구체적인 서술은 삶의 과정과 실제적인 현장의 소소한 단서들을 배제할 수 없다. 아무리 인류애적인 삶의 목적이 있어 모든 가치관이 제대로 정립되었어도 하루 한 낮의 햇살을 충분히 즐길 수 없다면 자신의 존재에 충실하다고 할 수 없다. 하루를 일과 성과로 조바심을 내며 드러낼 뿐, 자기의 기분이나 만족은 돌보지도 않는다면, 성취와 결과물로만 인생을 말하겠다는 의중을 드러내는 거다. 삶은 어느 특별한 지점에서만 말할 수 있다는 착각에 지나지 않는다. 소소한 일상은 거사를 위해 버려도 된다는 식의 태도는 자본주의가 우리를 길들이는 아주 교묘한 전략이다.

그럼에도 우리는 속도와 선별적인 몰입으로 개인의 특별한 개성을 어느 정도 무시하는 이상한 논리에 적응하려 애쓰며 살고 있다. 개성과 개인의 특별함은 자본주의 논리 앞에서 말살되어가는 중이라고 말할 수 있다. 결코 그리 되지 않을 것이지만, 개인의 분열과 고통은 자본주의 논리로 위협받고 무마된다. 날마다 아무리 많은 수입이 있어도 인격적으로 무시 받고, 자기 존재감 없이 사는데 쌓여지는 돈으로 만족하고 기쁘다는 사람의 즐거움이 오랫동안 지속되기란 쉽지 않을 거다. 그보다 덜한 수입이지만 자기 스스로 살아가고 있다는 자유와 만족을 순간순간 느끼는 충만함은 보다 유지될 수 있다.

대부분의 사람들이 자신을 이해하고 인정하는 것이 나름대로 수월하다고 알고 있다. 세상을 살아가기 위해 갖추거나 해야 할 일과 조건을 맞추는 것이 어렵지, 자기 자신을 알고 정리하는 것은 상대적으로 쉽다고 생각한다. 하지만 우리 자신은 그렇게 간략하게 명명되어 고정적인 속성으로 삶을 유지하는 존재가 아니다. 도식적이고 유형화 된 범주로 우리를 설명하는 것을 납득하고 수용하며 반대로 자기 자신을 범주의 유형으로 소개하는 사람들을 염려하지 않을 수 없다. 아주 많은 심리도구가 규명하려는 인간의 속성과 특질은 대략적인 구분과 대충의 공통점에 불과하다. 어떠한 이론과 도구로 설명하고 진지하고 깊게 연구해도 80% 이상의 구체적이고 정확한 내용은 불가능하다. 과잉일반화의 오류는 특질을 설명하는 구분보다 더 위험하다. 그럼에도 80%라는 큰 숫자로 중요한 하나의 특질을 놓치는 것을 용납하는 꼴이다. MBTI, DISC, Big5, PAI, Enneagram, 사상체질, MMPI 등 모든 도구를 망라한 해석과 설명을 취합해도 우리 자신의 온전한 이해는 그리 간단하지 않다. 설령 유사하다 해도 그 간극은 닿지 않는 거리와 깊이의 오리무중이다.

　자신을 이해하기 위해 먼저 가족의 DNA로 인한 유전자적인 얼개부터 시작해야 한다. 오랜 연구는 100%는 아니지만 뇌의 상당 부분의 유전에 의해 결정된다는 사실을 인정한다[7]. 그리고 가족의 가치관과 생활습성, 특이한 삶의 태도 등과 같은 깊은 뿌리로 길들여져 있는 집단무의식인 가족의 신화를 고려해야 한다. 아울러 가족 신화에 순응적인지 반항적인지 무관심한지 의심 없는 성장 과정이었는지를 세세하게 알아야 한다. 이 과정에서 트라우마의 발단은 시작되고 성격적인 틀과 사고의 논리 방향은 영향 받기 때문이다. 경직된 자세인지 전투적인 자세인지 환경을 내 자신보다 크게 생각하는지, 대상이나 조건에 불과하게 여기는지, 영아기의 수유는 충분했는지, 배변은 자유롭고 적절했는지, 세상을 처음 받아들이던 시기의 집안 분위기와 부모의 양육태도는 어떠한지 등은 아주 중요하다. 이

---

7) 제롬 케이건Jerome Kagan(하버드대), 토마스 부샤드(미네소타대)

과정에서 감정과 인지의 깊은 물길은 특이하게 잡힌다. 완고한 아버지와 어머니의 이해가 충분했다면 성장 과정에서 경험했을 실패와 좌절, 성공의 내용이 마찬가지로 완고한 아버지와 따뜻하게 이해하며 지원하는 어머니임에도 불구하고 윽박지르는 일상이 우세했던 성장 과정의 아이가 자기를 정리하는 것과 동일하지 않다. 집안마다 가풍이 다르고 일상을 정리하고 바라보고 이해하는 시각이 다른데 그 모든 과정을 차곡차곡 지낸 사람들의 인지와 가치관, 선호도가 간략한 범주로 타당한 설명이 가능하다는 것이 오히려 불가사의하다.

더구나 이 모든 것은 종합되고 화학적으로 반응하며 삶의 태도에 영향을 준다. 누구나 자신의 필요가 위협받으면 여유 있거나 의연하기 쉽지 않다. 게다가 무엇을 필요로 느끼고 인정하는지, 어떤 것을 위협이라고 받아들이는지 또한 사람마다 생각이 다르고 이해와 계산이 다르다. 에릭슨(Erikson)에 의하면 어렸을 때 인격적이고 합리적인 배변훈련이 충분하지 못하였다면 수치심과 의심이 심리사회적 위기로 자리 잡는다. 이러한 접근으로 개인의 특질과 성향을 바라본다면 좋거나 문제될 성격이 특별하지 않음을 눈치 챌 수 있다. 너무나 많은 변수가 예민하게 영향을 주고 무관한 것 없이 서로 작용하기 때문이다. 성격은 특별함은 있어도 좋고 나쁘다는 평가는 유효하지 않다.

신뢰

사단칠정(仁義禮智 : 喜怒哀樂愛惡欲)에서 믿음(신·信)은 중앙에 자리한 인의예지와 같은 이(理)다. 어떤 일을 도모해도 사람이 서로에게 신의를 지키는 것은 가장 기본이며 여러 면에서 흔들리는 것을 잡아 준다. 여럿이 함께 하며 서로에 대한 신의를 확인하지 않은 채 일만 진행하면, 보다 실질적인 수익이 큰 쪽으로 마음이 옮겨지게 된다. 하지만 서로 신뢰한다면, 의사를 결정하는 데 있어 단지 수익만을 좇기보다 서로의 다양한 시각에서의 의견을 존중하며 고려하게 될 것이다. 믿음은 우리에게 가장 기본적인 안정을 약속하며 만족할 수 있는 토대를 준다.

현재 사람들이 삶과 생활에 대한 불안과 두려움을 고통스럽게 호소한다. 사실 따지고 보면 자기 자신을 의심하는 사람이 많다. 사람들이 자신을 믿지 못하는 이유 중 하나는 다른 사람이 믿어 주지 않았기 때문이라고 말한다. 자기 자신을 만족하게 여기는지 물어보면 주변의 다른 사람보다 무엇인가를 잘해서 받았던 인정 같은 실증적인 것들로 대답한다. 무언가를 비교하면서 받았던 인정이나 신뢰를 말하는 것이 아니라고 설명을 덧붙이면 무척 암담해한다. 아무리 생각해도 남과 비교하지 않고 자신의 어떤 면을 인정할 수 있는지 반문하는 경우가 의외로 많다. 무슨 일을 하거나, 어떠한 역할을 하는 존재로 자

기 자신을 묘사하며 그에 대한 다른 사람의 인식으로 자신을
확인한다.

뚜렷한 무엇인가를 하지 않고 있어도
'나'는 '나'다.

요즘의 포퓰리즘 광고 문구들은 적잖이 가학적이다. 마치 청
소년과 청년을 대변하여 응당히 보호하고 지원하는 척하지만
글의 내용은 달갑지 않다.
"청년은 미래의 주역"
"청소년은 내일의 주인공"
청소년과 청년은 늘 주인공이고 주역이다. 마치 그들을 소외
시키지 않고 챙긴다는 의도를 굳이 이렇게 표현하는데, 오히려
잔인하다. 그들이 사회적인 책임을 다하고, 경제적으로 생산
적인 역할을 할 때에야 비로소 주인공이 될 수 있다는 뜻이 내
포되어 있다. 역사와 사회의 주인공은 무엇을 할 수 있는 역할
과 기능이 우선하여 부여하는 자리가 아니다. 존재하는 순간
누구나 주인공이다.

믿음은 그렇게 기능적인 역할에 치중한 겉치레를 간파하는 힘
이 있다. 존중하고 배려하는 것은 사람에 대한 믿음이 있어야

 경계의 감정 Sentiment of the Edge

가능하다. 상대적으로 보다 나은 것만을 인정하거나, 받았으니까 주겠다는 식의 계산에는 있을 수 없는 덕목이 믿음이다.

가장 기본적인 신뢰와 믿음은 나는 좋은 사람이라는 사실이다. 사단(四端)의 본성을 믿는 거다. 그 본성을 잃지 않으려는 것이 '좋은' 거지, 누군가의 마음에 특별히 적합하게 맞아떨어지는 것이 좋다는 의미는 아니다. 인기몰이에 능해서 선호도와 호감을 많이 받는 것이 '성선(性善)'을 말하는 게 아니다.

연예기획사의 연습생이 된 아이가 처음에는 너무 기뻐서 흥분했지만, 시간이 흐를수록 데뷔는 이루어지지 않고 생활은 쪼들리자 너무 괴로워했다. 이런저런 이야기 끝에 자기 고백을 했다.

"너무 힘들어요. 돈이 벌고 싶어요. 연습생이라 저는 어떻게든 돈을 벌기 위해 다른 사람들이 모르게 사기 칠 수도 있어요. 돈이 없어서 화가 날 때면 정말 나쁜 짓을 하려고도 생각해 봤어요. 그런데 만약 그렇게 한다면 제가 살고 싶은 인생은 물 건너갔다는 생각으로 발걸음을 돌렸어요. 알아요. 나쁜 짓 안 해요. 그러면 저는 끝일 거예요."

이런 생각이 좋은 사람이라는 증거다. 스스로 판단하고 결정하는 입장이 상황과 조건에 좌우되지 않고, 자기 자신이도록 한다. 루터는 말했다.

"내 머리 위에 새가 날아다니는 거야 어찌하겠나?
새가 둥지는 틀지 못하게 해야지."

감각

감정은 감각기관을 통해 받아들인 자료에 대한 평가가 들어
간 반응이다. 오감으로 들어오는 모든 자료와 정보에서 특별한
내용을 보다 자세하게 느낀다. 늘 먹던 밥이 유난히 달고 맛있
거나 일상적인 물이 유난히 차가울 때 입맛이나 계절의 변화를
느낀다. 온몸의 오감으로 감지되는 모든 것을 차등 없이 다루
고 느끼는 것은 아니다.

오감은 누구에게나 있지만, 유난히 예민하고 잘 발달한 영역
은 개인마다 다르다. 청각이 발달한 사람은 듣기를 좋아할 수도
있지만 너무 예민한 청력으로 다른 사람보다 소리로 인한 피로
를 훨씬 많이 느낄 수 있다. 시각이 좋은 사람도 마찬가지이며
후각, 미각 등 모든 감각의 예민한 정도는 사람마다 다르다.

어느 한 감각기관이 장애나 어떤 이유로든 사용하지 못하거
나 기능에 이상이 생기면, 다른 기관을 통해 버금가는 감각정
보를 다룬다. 참으로 신기한 일이다. 예를 들어 중도 시각장애
인은 시력을 잃었지만, 점차 시간이 지나며 소리와 피부의 촉
감, 공기의 흐름을 통해 사물의 위치, 방향, 크기 등을 비교적

정확하게 감지할 수 있게 된다. 이러한 감각기관의 놀라운 기능과 역할은 뇌의 가소성(plasticity)으로 밝혀진 후로 꾸준한 연구로 확인되고 있다.

눈에 보이는 사물도 어느 시선이냐에 따라 전경(前景)과 배경(背景)으로 구분된다. 이는 단순하게 거리로 구분되지 않는다. 식탁에 차려진 음식을 보며 유난히 좋아하는 음식이나 생소한 음식 혹은 아주 싫어하는 음식이 먼저 보인다. 아주 짧은 순간에 이루어지기에 예민하게 감지하지 못할 뿐이다. 우리의 시선은 하나의 사물, 그 다음의 사물로 옮겨지며 전체를 이해한다. 그리고 좋아하는 것부터 보이고 그것에만 시선이 집중되는 사람이 있는가 하면, 싫어하는 것에 온통 신경이 집중되어 전체를 거부하는 사람도 있다.

주부가 상차림을 하며 특별히 신경 쓰고 싶은 음식을 색다른 그릇에 담는 것도 이런 원리로 주목을 끄는 방법이다. 돌잔치의 돌잡이도 이러한 맥락이다. 어른들이 돌잡이를 의도적으로 할 수 있는데, 이는 평소에 아기가 유난히 좋아하는 자극을 주어 아기의 몸짓에 영향을 줄 수 있다.

사람이 가지고 있는 많은 능력 중에 창의성과 유연하게 적응하는 것은 감각기관으로 들어오는 정보를 얼마나 풍부하게 다루느냐의 문제와 다르지 않다. 감각피질에 대한 연구로 밝혀진 감각기관과 그에 의한 자료의 정보 처리는 경이롭다.

날마다 보던 하늘이 문득 더 파랗고 맑게 보이는 순간 청량한 느낌으로 기분 좋아지는 사람이 대부분이겠지만, 모든 사람이 똑같은 기분은 아니다. 하루 종일 특별한 장비 없이 인물 촬영을 해야 하는 경우는 자연스럽게 음영을 적당히 살릴 수 있는 약간 흐린 하늘을 바랄 수 있다. 그에게 눈부신 햇살과 맑은 하늘은 그리 반갑지 않을 거다. 높은 하늘과 시원한 바람이 주는 건조함이 건강 때문에 반갑지 않은 사람도 있을 수 있다. 맑은 하늘을 기분 좋게 만끽하고 싶어 서둘러 길을 나섰는데, 이불이라도 널고 나왔으면 더 좋았을 거라는 생각이 드는 순간 아쉬운 마음이 찜찜해서 불편할 수 있다.

*경우에 따라 사람들이 일반적으로 생각하는 것과
정반대의 입장인 사람도 있기 마련이다.
같은 상황, 같은 현상, 같은 조건임에도
사람마다 느끼는 기분은 천차만별이다.*

나막신을 파는 아들과 우산장수 아들을 둔 어머니가 날씨에 따라 하루도 마음 편할 날이 없다는 이야기는 아주 적절한 예다. 같은 조건이라고 모두 만족할 수 없고, 마찬가지로 모두 불만족한 것이 아니다.

유연한 생존

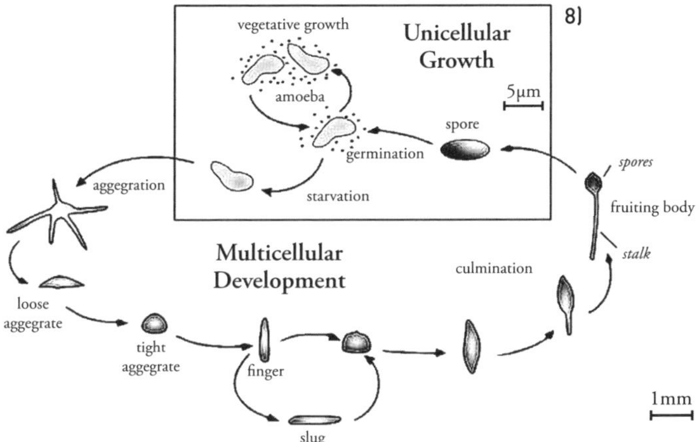

하버드 대학의 오랜 연구 끝에 신비로운 아메바의 생활 과정이 밝혀졌다. 연구 결과로 아메바가 박테리아와 공생하며 농사를 짓는 사실을 밝혀낸 보고다. 먹이가 풍부할 때는 단세포 아메바로 존재하다가 먹이가 떨어지고 굶주리면 뭉쳐서 다세포의 시기로 생존한다.

---

8) 출처: en:Image:Dicty Life Cycle H01.png (Dictyostelium life cycle, drawn by user: Hideshi, then converted to SVG by IIVQ) Permission is granted to copy, distribute and/or modify this document under the terms of the **GNU Free Documentation License**, Version 1.2 or any later version published by the Free Software Foundation; with no Invariant Sections, no Front-Cover Texts, and no Back-Cover Texts. A copy of the license is included in the section entitled *GNU Free Documentation License*.

생활환경에 따라 변형하며 신비롭게 생존하는 이들이 박테리아와 공생하며 증식해서 수확하기까지 한다. 더구나 사람들이 종자를 지키듯 아메바도 박테리아의 일부는 포식하지 않도록 소화를 방해하는 메커니즘(농부가 종자를 보호하듯)으로 보호하는 사이클을 반복한다. 이 연구의 후속 자료가 2013년 발표되며 먹을 수 없는 균이 먹을 수 있도록 진화하여 적응하게 되었다는 사실까지 밝혀졌다. 가장 단순한 생명체라 알던 아메바조차 생존을 위해 취할 것과 절제할 것을 지키고 있다.

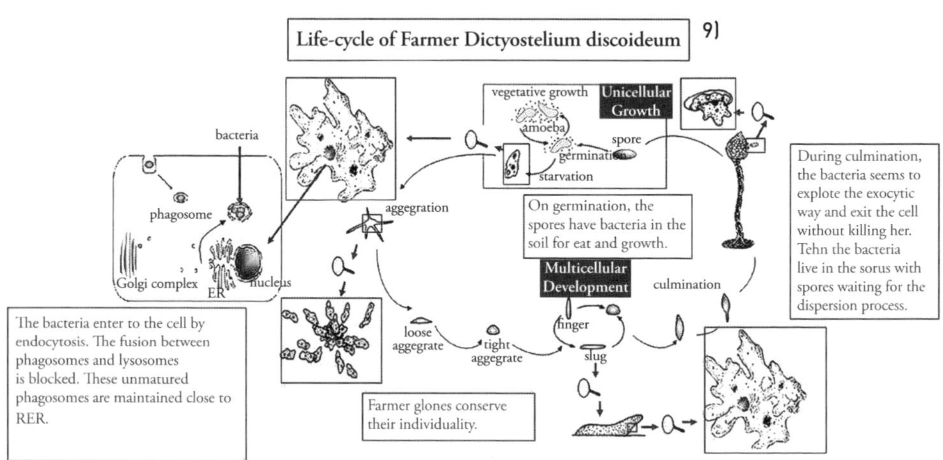

---

9) 출처: Life-cycle of farmer dictyostelium discoideum.jpg (This file is licensed under the Creative Commons Attribution-Share Alike 3.0 Unported license.)

다윈의 진화론은 그가 선을 그으려고 노력했음에도 불구하고 '적자생존(適者生存)[10]'의 의미로 기억된다. 적자생존을 떠올리거나 살아남는 강자를 선망하며 우리는 강한 자, 많은 소유, 보다 큰 덩치, 더 높은 지위와 권력 등과 동일하거나 최소한 유사 의미로 이해하는 경향이 있다. 이러한 인식과 인상은 특히 자본주의가 사회 전반의 주요 골자가 되며 더 강해졌다.

M&A로 기업 규모가 커지며 거대 자본만이 살아남는 꼴을 확인하고 보다 많이 가지고, 보다 커야 하며, 보다 빨라야 생존할 수 있다는 생각을 의심하지 않았다. 일찌감치 인간 중심 경제[11]를 말한 사람도 있지만, 거대 자본주의와 빠른 뉴스의 영향으로 당장 사라지는 기업과 특별한 기술 없이 업계의 선두 주자가 되는 양상을 확인하고 있으니 인간 중심의 경제 인식이

---

10) 적자생존은 『종의 기원』을 읽고 허버트 스펜서가 만들어 낸 용어다. 물론 다윈도 『종의 기원』 5판에 삽입하기는 했지만, 다윈의 입장은 최적의 유기체만 살아남기 마련이라는 의미의 적자생존보다 구조나 체질 혹은 본능 면에서 어떤 식으로든 유리한 종들이 생존 투쟁에서 살아남는 것을 '자연선택'이라 설명하며 당장의 현지 환경에 보다 잘 적응하는 것에 대한 은유로 사용했다. 반면 스펜서는 최상의 물리적 형체를 갖춘 것의 의미로 사용했다(제러미 리프킨, 한계비용 제로 사회, 2014, 민음사).

11) Ernst Friedrich Schumacher(1911-1977), 독일 태생의 경제학자

자리 잡은 것은 아니다.

강하고 힘 센 것이 '적자(適者)'라면 화석으로만 남아 있는 공룡은 고래로부터 지속적으로 존재하는 생명체인 바퀴벌레나 미생물보다 무엇이 연약했던 것일까? 지구 환경의 어떤 변화나 공룡의 치명적인 결함을 알아내는 것도 중요하다. 그보다 우리는 다윈이 말한 바, '당장의 현지 환경에 보다 잘 적응하는' 자연선택이 '존재를 제대로 반영한 의미'라는 점을 숙고해야 한다.

기회는 대립하고 경쟁하는 과정에서 살아남아야 비로소 얻을 수 있다. 진화심리학으로 설명하자면 사람에게는 우위를 차지해야 생존할 수 있다는 절박함과 더불어 다른 사람과 함께 해야 비로소 오래 생존할 수 있다는 공동체성이 공존한다. 두 가지 모두 인간의 본래적인 태도다. 어느 한쪽만을 강요하거나 필요하다고 강조했을 때, 본래의 성질로부터 벗어난 두려움과 고통이 느껴질 수밖에 없다. 현대의 자기소외와 고독의 문제는 이런 설명으로 이해하면 도움이 된다.

자기소외의 문제는 더 심각하다. 왜냐하면 자기를 경쟁적인 우위에 두어야 할 뿐만 아니라, '다른 사람의 요구'에 맞추거나, 혹은 '다른 사람이 이룬 것을 열망하는 욕구'로 자기 자신을 태우며 자신의 삶임에도 불구하고 자기의 바람과 본성적 열망을 배제하기 때문이다.

　　　　　경계의 감정 Sentiment of the Edge

타고난 기질의 영향도 있다. 타고나기를 아주 예민하거나 선택적으로 과민할 수 있다. 물론 '선택적'이라는 말은 다른 사람의 눈에 선택적이거나 유별나 보일 뿐이고, 본인은 아무리 노력해도 기질적으로 그럴 수밖에 없다. 예를 들면 타고나기를 세심하고 생각이 많은 성품인 사람에게 '지금 아무 일이 발생하지 않으니, 앞으로도 어떤 변수는 당연히 없을 것이다.' 라고 호언장담하며 어제 오늘의 데이터로 마음을 유혹하려 애써도 절대 생소한 투자나 선택을 하지 않을 거다. 어떤 면에서는 그러한 선택과 결정을 하고 싶어도 하지 못한다고 표현하는 것이 더 적합하다. 반면 어떤 사람은 늘 꿈꾸는 것으로 힘을 얻어 가며, 다른 사람이 보기에는 망상과 같은 자성예언에 취해 사는 사람이 있다. 이런 사람에게 향후 '한 탕'의 가능성을 이해시키고 납득하며 움직이게 하는 것은 수월하다. 반면 지난해 사업 내용을 분석해서 향후 10년 전망을 정리하라는 지시는 의미나 가치 없는 업무로 여겨 일처리를 미룬다.

사람마다 타고난 기질과 성향이 다양한데, 이것은 유전적인 비밀스러움과 오묘한 화학적 반응으로 쉽게 분석하거나 알아내기 어렵다. 그렇지만 분명 생래적으로 갖춘 기질이 있어 그 본디 성향은 바뀌지 않는다.

혹자는 '성격이 바뀌고 생각도 바뀌던데 무슨 소린가?'
하고 의문을 던질 수도 있다.
기질과 성격은 반드시 동일하다고 말하기 어렵다.

기질적으로 기쁘면 큰소리와 반응을 야단스럽게 하는 사람이
있고, 어떤 기질의 사람은 아무리 좋아도 별다른 흥 없이 지나
친다. 이러한 차이는 특별히 더 좋거나 나쁜 것은 아니다. 그
럼에도 마음이 더 끌리는 행동이나 반응이 있기는 하다. 이런
판단이 개인의 특질을 설명해 주는 단서일 게다. 그러니 제발
좋은 성격이나 기질, 혹은 나쁜 성질이나 성향이라고 규정짓지
않도록 하자.

 경계의 감정 Sentiment of the Edge

2. 똑바로 바라보기

아름다움과 사랑은 서로 상충하며 겨루는 것이 아니다. 우리는 대부분의 선택을 '이것'이든가, '저것'만을 결정하는 것으로 말한다. 그래서 무조건 좋아하든가 싫어해야 하는 선택과 결정을 내려야 하는 것으로 정리하려 든다.

좋아하는 것에 위계가 있다면, 그것이 정말 좋아하는 걸까? 게임에 빠져 있는 아이에게 갑자기 그것을 싫어하고 혐오하라고 부탁하고 애원한다고 그것이 가능해질까? 책을 읽거나 글을 쓰는 것이 너무 싫은 사람에게 아무리 큰 보상을 내걸어도 급작스럽게 기쁨의 원천이 되는 것은 현실적으로 불가능하다.

그래서 여부를 따지는 것은 오히려 오래된 습관을 정리하고, 바라보는 시각을 정확하게 알아내는 중요한 이해의 과정일 뿐이다. 여부로 가름하느라 바쁘면, 그 안의 오류와 곡해가 숨겨진 사각지대에 빠진다. 듬성듬성한 얼개의 시각을 철옹성처럼 지키려고 온갖 현상을 수집하느라 분주할 뿐이다. 급기야 옹고집이 된다.

조건

‘정신이 하나도 없어서’ 실수했다는 사람의 설명은 변명이라기보다는 누구라도 그러하리라는 합리화를 수용하게 한다. 다만 너무나 흥분해서 생각할 겨를이 없었다는 그 순간 ‘자아’는 어디에 있는가의 문제다.

소위 ‘성질난다.’는 표현으로 자기의 악담을 해명하는 사람들은 아무 말이나 내뱉는 것 같지만, 사실은 그렇지 않다. 악담을 할 만큼 분명히 화가 났었고 하지 않아도 될 말까지 했을 뿐이지, 마음으로 악담을 할 만하다는 생각이 아예 없지는 않다. 말이야 지나치게 했지만 ‘뒤끝은 없는’ 미덕을 강조하며 어벌쩍하는 것이야말로 들은 사람을 두 번 힘들게 한다. 어찌 보면 정신없이 하는 말에 정신이 없는 것은 아니고, 심신이 미약하여 하는 행동은 분명한 몸짓인데, 신비한 유체 이탈(幽體 離脫)이 어찌 빈번하게 일어날 수 있는지 신기한 노릇이다.

제대로 인지하거나 행동하기 위한 조건을 전면에 내세우는 것은 온전히 행동하지 못하거나 생각할 수 없었던 것의 이유를 밝히고 싶은 순진한 열심이다. 누구라도 그리할 수밖에 없었다는 정당한 이해를 얻기 위한 방략이다. 조건 따라 행동하고 생각할 수밖에 없다는 말은 사람보다 조건이 우세하다는 뜻인데, 사람은 역사이전부터 조건에 수월하게 승복하거나 휘둘리지 않으려 도구와 언어, 사고력을 사용해왔다. 이제 와서 조건의 불충분을 내세우며 설명하는 것은 합리화에 불과하다. 아무려면, 조건이 사람보다 우세하겠나. 또 감정이 중요한들 사람보다 지대하겠는가. 생각 없이 표현한 언행의 책임을 조건으로 조작하며 책임을 전가할 만큼 우리의 생각이 무기력하지 않다.

둔감

부모의 폭력에 오랫동안 노출된 아이들의 가장 큰 특징은 상당히 무덤덤하다는 점이다. 돌발 상황에 대하여 예민하기보다는 관망하는 태도를 취한다. 많은 연구들은 부모의 폭력을 빈번하게 경험한 경우 자녀가 폭력을 대물림한다고 밝히고 있다. 많은 논문들이 공격성, 반사회적 행동, 정서불안과 상관관계가 높다고 밝히고 있다.

조금 더 면밀하게 들여다보면, 단순하게 폭력이나 폭력행위를 습득하는 게 아니다. 폭력을 경험하고 목도하면서 불안과 두려움을 어떻게 해결하며 예민해진 감정과 마음을 어떻게 하는지 알지 못해 당황한다. 스스로 찾아낸 것을 회피하거나 둔감하도록 자신의 반응을 잡아 가둔다. 그래야 반복되는 불안과 두려움, 슬픔으로부터 자기를 보호할 수 있고 지킬 수 있기 때문이다. 아이들이 이렇게 불안하고 두려운 상황에 대한 감정으로부터 둔감해지며 자신을 지켜 내는 것을 함부로 무어라

할 수 없다. 다만 이러한 둔감한 태도와 습관은 두려움과 불안에 대해서만 둔감해지는 것이 아니라는 점에 주목해야겠다. 슬픔에 대하여 둔감해지면 기쁨도 그만큼 둔감하게 느껴진다. 분노에 둔감하면 만족할 만한 것도 그만큼 덤덤해진다. 싫어하는 마음이 없으면 사실 뜨겁게 사랑할 일도 그렇게 희박해진다.

무덤덤한 것은 결국 다른 사람이 느끼는
아픔이나 슬픔을 공감하기 어려워지도록 하는 것이고
함께 충분히 즐겁고 기쁠 것이 그리 풍부하지 않게 한다.

함께 느끼는 기쁨과 슬픔, 분노, 두려움, 즐거움, 사랑, 거부감 등이 풍부하지 않으며 그만큼 다른 사람과의 관계와 만남에 있어서 소원하거나 충분하지 않을 수밖에 없다. 그래서 충동적인 행동이나 배려를 해야 하는 선택에 다른 사람보다 둔감하게 반응하는 것이고, 이러한 방향으로 점점 둔감해지는 태도나 마음은 원래 자신이 어떤 사람이었는지조차 관심이 없거나 알기 어렵게 할 수 있다.

부모의 폭력 때문에 가출을 하거나 거세게 반항하며 대응하는 자녀가 오히려 마음의 병은 덜 앓을 수 있는 이유가 여기에 있다. 잘 참고 조용히 견딘 아이들이 어른으로 성장해서 다른 사람과의 관계에 깊은 대면을 어려워하는 이유이기도 하다.

　　　　　　　　경계의 감정 Sentiment of the Edge

문제를 잘 해결한다는 것은 평화로워 보이는 것이 아니다. 문제는 문제답게 다루고 민감하게 경험하고 대처하는 것이 훨씬 건강하고 좋은 대응일 것이다. 둔감한 것이야말로 스스로를 병들게 할 수 있다.

이제 주위를 둘러보자. 우리 자신을 한 번 돌이켜 보자.

혹시 티를 내며 가슴앓이 하는 것이
부끄럽거나 못나 보인다고 생각해서
은폐하거나 부정하지는 않았는가?

괜찮다. 우리 모두가 겪어 내고 있다. 다만 내 자신과 같은 시간대나 동일한 내용이 아닐 뿐이지, 모두 문제가 있기 마련이다.

제발 '이 문제가 아니기를⋯⋯.' 하며 눈감지 말자. 마음으로 지우거나 머리에서 덮어씌우는 일도 없도록 하자. 그렇게 우리 자신을 둔감하게 하는 것은 즐겁고 기쁜 일조차 그리고 사랑조차도 별 감흥 없도록 만드는 선택이다.

둔감하여 진실한 삶을 저버리는 일이 없도록 예민해지자. 이렇게 아픈 것은 묵은 틀과 크기를 벗어 버리기 위한 과정이다. 탈피의 대가이려니 인정하고 기꺼이 민감하게 자신을 살핌으로써 삶의 주도성을 되찾고 인생의 많은 면들을 충분히 살려내어 즐기자.

욕구는 비현실적으로 크고 실제로는 무기력한 채 둔감하게
살아가는 경우를 주목해야 한다. 지금 의욕 없는 청소년이 매
우 염려스럽다. 모든 것을 포기했다는 N포 세대 청년들은 Z
plan으로 살아간다. 열정을 따르지 못하는 현실이 답답해서 울
분을 삭히는 것을 보면 참으로 안쓰럽다. 하고 싶은 것, 좋아
하는 것, 하는 것이 없을뿐더러 "모르겠다"는 아이들의 힘없는
답도 못지않게 아주 슬프다.

여부

'여부'는 사람마다 중요하게 생각하고 그러하기를 바라는 기
준에 부합한가의 판단을 말하는데, 또한 개별적이다. 가치관
이나 신념 혹은 습관이며 신화적인 틀도 있다.

어쩌면 '인지상정(人之常情)'은
사람이면 느끼는 감정이 있다는 말이지,
사람이면 이 상황에서 슬프거나 불쌍한 것과 같은
동일한 감정을 느껴야 한다는 뜻은 아닐 것이다.

감동적인 영화라고 눈이 퉁퉁 부어 나오는 사람과 울 수밖에
없었던 장면과 내용을 이야기하면 똑같은 지점에서 똑같은 내

용과 생각으로 눈물샘이 터진 경우는 의외로 그리 많지 않음을 알 수 있다. 알고 보면 사람마다 다른 개별적인 기준과 시각, 판단하는 방법조차도 독특하여 유난스럽기 마련이다.

함께하는 시간조차도 어떻게 보내고 싶은지에 대한 생각이나 바람이 사람마다 다르다. 너무나 그리웠기에 지나간 시간으로 확인하고 싶은 사람이 있는가 하면, 그때나 지금이나 변함없는 당신의 현재 모습을 구석구석 훑어보고 싶어 하는 사람도 있다. 어쩌면 너무 아까워서 차마 쳐다보지도 못할 수도 있고, 누군가는 한순간도 놓치지 않으려고 두 눈을 부릅뜨고 샅샅이 마음에 담아내느라 바쁠 수도 있다.

누가 더 사무치게 그리워하는 거냐고 묻는 것은 부질없다. 모두 그 마음과 생각일 뿐, 함부로 그 양과 크기, 세기와 질을 비교해서는 안 된다. 온전히 느끼는 사람의 몫이다.

최소의 하한선

'왜?'라는 문자가 담는 의미는 아주 다양하다. 따지며 추궁하는 것인지, 안쓰러운 의문인지, 놀리려는지 한 글자만으로 정확하게 알 수 있는 것은 없다. 앞뒤 맥락으로 이해할 수도 있지만, 사실 아주 정확한 것이라고 할 수는 없다.

그 말을 하는 사람의 마음과 감정을 가장 잘 느낄 수 있는 것은 얼굴을 마주하고 호흡을 느끼며 주고받은 표현이 그나마 정확할 것이다. 더 나아가, 질문하는 이유는 무엇이며, 궁금한 것이 있어서 질문한 것인지 등을 재차 확인해야 비로소 진의까지 이해할 수 있다.

최소한 감정을 상하게는 하지 말아야 한다. 납득하고 이해하겠다며, 말로 씨름하는 것은 대화가 아니다. 말을 수단과 도구로 사용하여 승부를 걸겠다는 선전포고나 다름없다. 이해하고 공감하겠다는 목표는 훌륭하지만, 의도와 목적이 있는 대화란 이미 호혜적이거나 자연스러운 것은 아니다.

위로를 해야 한다는 강박으로 하는 말만큼 가식적이며 염증나는 것이 없다. 좋은 대화법이랍시고 배운 방법론을 열심히 연습하는 것은 개념과 감정의 방향에 맞추려는 시도에 불과하다. 좋은 말은 자연스러운 흐름이며 따뜻한 생기(生氣)다. 말하는 사람이 충분히 자기의 생각과 느낌을 나타내도록 두지를 못하고, 캐묻고 궁금해 하고 유도하는 것은 불편하다.

슬프고 좌절할 일에 울며 슬퍼하는 것은 자연스럽다. 두려운 일에는 두려움과 공포를 느끼며 당황하고, 화날 일에 분노하며 치를 떠는 것은 당연하다. 그것이 웃음이나 사랑만큼 자연스러

     경계의 감정 Sentiment of the Edge

워야 한다. 분해서 울어야 하는 일을 억지로 덮어 화내지 못하도록 하는 등 강렬한 영향을 주려는 것은 무서운 왜곡이며 아주 냉철한 위장이다. 진정한 보살핌은 자연스러운 신진대사를 가능하도록 하는 것이다.

감정이 문제가 되지 않으려면 바로 최소의 하한선을 지켜야만 한다.

*어떤 감정을 느끼고 기분인지를
방해하거나 주문하지 말고
자연스럽게 생기는 그것이 무엇인지를 보아야만 한다.*

급하고 빠른 삶이 우리를 그렇게 두지 않는 게 문제다. 문제에 개입하고 싶어도 자신의 감정이 충분히 느껴질 때까지 기다리고 바라보는 것이야말로 제대로 된 관심이다. 이 관심이 감정을 문제되지 않게 할 수 있다.

3. 생각의 오류

신화

그리스로마 신화는 각각의 대단한 능력은 있지만 감정 폭발하는 허점투성이 신들의 이야기로 가득하다. 아버지를 죽인 아들, 아들과 결혼한 어머니, 지나친 생각으로 스스로를 죽이고, 거짓과 술수로 겨루고, 사고치기 일쑤인 신들의 이야기는 너무나 인간적으로 느껴진다.

이렇게 온갖 사건 사고 범벅인 신들의 이야기는 어쩌면 우리 삶을 상징하고 반영한 것인지도 모르겠다. 사람들이 생각하지 못한 삶의 통찰로 모든 인간이 신과 같음을 역설적으로 말하고 싶었던 것일 수도 있고, 혹은 삶의 완전함이란 우리가 그리도 열망하는 고요하고 극치의 평안함이 지속되는 것이 아니라는 현실을 말하려는 것일 수도 있다.

어떻든 기원전의 인간들이 말한 것들이 지금의 삶과 견주어도 그다지 생경하지 않다는 면에서 신화답다. 얼마만큼 합리적이거나 이상적이냐는 것과는 별개로 역사에서 신화가 상징하는 의미와 가치는 크다.

우리는 다양한 신화에 둘러싸여 있다. 때론 뚜렷하고 정확하여 나도 알고, 다른 사람도 금세 알아차린다. 혹은 나는 전혀 모르나 남들은 쉽게 읽는 것도 있다. 아무도 눈치 채지 못했으나 스멀스멀 기어오르는 것도 있다. 희한한 것은 실체를 느끼거나 알아차리기 수월하지 않아도 분명하게 있다는 점이다.

신화(myth)의 공통적인 특징은 명시화되지는 않았지만
'반드시' 혹은 '당연히'라는 수식어와 함께
단선적인 진행과 귀결에 압박을 준다는 점이다.

우리의 고정관념은 신화의 영향으로 자리 잡는다. 신화는 정확한 근거를 밝히기 어렵지만 꽤나 익숙하다 싶은 느낌과 정서를 갖게 한다. 왜인지 이런 선택과 결정을 해야만 한다는 생각을 하게끔 한다.

집집이 불문율로 지켜 오는 것이 있어 길흉화복이 예지되거나 불러들이는 미끼가 되기도 한다. 신화는 살아가는 모습에서 어떤 선택을 하거나 생각을 하도록 자연스럽고 자동적으로 길을 열어 주는 묘한 힘이 있다.

어느 순간 우리 집만의 전설일 뿐, 세상이 딱히 그런 것만은 아니라는 사실을 발견했을 때 엄청난 배신감을 느끼긴 해도 단축키로서의 역할은 충분히 한다.

바라는 대로

한번은 쿠마에서 나도 그 무녀가 조롱 속에
매달려 있는 것을 보았지요. 애들이
"무녀야 넌 뭘 원하니?"
물었을 때 그녀는 대답했지요.
"죽고 싶어." [12]

쿠마에 무녀[13]는 영원한 삶을 가졌지만 천 년을 살았다. 아폴론이 사랑의 대가로 그녀의 소원을 들어준 덕분이다. 그녀는 무엇이든 들어주겠다는 신의 만족 앞에 한 줌의 모래만큼 살게 해 달라 했다. 그러나 그녀가 요구한 것은 '오랜 생명'뿐

---

12) T.S. 엘리어트, 황무지

---

13) 쿠마에 마녀라고도 한다(Cumaean Sibyl). 그녀는 아폴론 신전에 사는 나이를 먹지 않는 사제로, 이탈리아 나폴리 근처에 위치한 그리스 식민지 쿠마에에 살았다.

이었다. 신조차도 무릎 꿇은 젊음과 아름다움이 생명과 함께 영원할 줄만 알았다.

후에 아폴론의 사랑을 거부하자, 그는 무녀의 육체가 늙어가게 했다. 영원한 젊음을 지키지 못한 무녀는 세월이 가며 점점 쪼그라들었다. 아름다움과 젊음이 사라진 몸뚱이는 힘없이 메말라 항아리에 보존되다 결국 목소리만 남았다. 스러지는 육체로 견디어도 종착은 오지 않으니, 참으로 무서운 저주다.

우리의 바람이나 꿈은 '하나'만을 생각하거나, 많이 생각했지만 '하나'를 놓친 것일 수 있다. 우리의 낭패과 절망은 쿠마에의 무녀 같이 미처 생각하지 못하여 놓친 불완전하고 미숙한 사고의 결과라 말할 수도 있겠다. 완벽하고 무결하게 생각하면 모든 불행과 좌절로부터 벗어나 확실한 안락과 평화를 유지할 수 있으리라는 기대는 순진한 소원에 지나지 않는다.

엘리어트는 한 줌 먼지만큼의 장수를 바랐으나 그와 더불어 젊음을 놓친 무녀의 '죽음보다 못한 삶'으로 '죽음을 감수해야 하는 삶'을 표현했다. 확실히 엘리어트는 죽음을 두려워했던 게 분명하다.

마음 길

무엇을 바라든지 그대로 이루어 주겠다는 신에게 지금의 우리는 무엇을 요청할지 생각한다. 잘 분별하기 위한 지혜를 구한 솔로몬이나 영겁을 바란 쿠마에 무녀는 자신이 바라던 것을 거머쥐었다. 그러나 그들이 도달한 지점의 내용은 그들의 바람이나 꿈꿔 왔던 생각대로 만족스럽지 않았다.

어쩌면 우리가 그리도 열망하는 꿈이라는 목표는 손아귀에 넣거나 가슴에 품었다고 해서 성공이나 행복이 아닐지도 모른다. 성공이나 행복은 손에 잡히는 실체가 아닌데, 우리는 종착역에 자리 잡고 있으리라는 기대를 벗지 못한다. 그런 점에서 꿈꾸는 실체는 한낱 신기루일 수 있다.

혹은 실체라 해도 찰나에나 머무는 강력한 운동력일 수 있다. 목표로 삼거나 구체적으로 가시화하는 순간 그것은 행복이라는 거점이 아니라, 그 '나름의' 무엇일 가능성이 크다.

그럼에도 '그 무엇인가'를 영롱하게 그려 '그곳을 향해' 죽을 만큼 애쓰다 보면 도달하는 그 지점에 무지개보다 더 찬란한 행복이 있다고 입소문만 무성하게 낸 것일 수 있다. 그래서 야속하게도 '바라는' 바를 이루었음에도 성공이나 행복을 느끼고 말할 수 있는 시간은 극히 제한적이다. 그 운동력은 또 다른 지점으로 끌어당기고 있을 뿐이다.

진로를 얼마나 중요하게 다루는지, 국가의 교육과 정책이 진로라는 주제에 맞추어져 있다. 진로를 말할 때면 흔히 내비게이션 화면을 보여 준다.

"여러분이 가고 싶은 곳이 있어요. 그 목적지까지 어떻게 가야 하는지, 간혹 어디로 가야 할지 바로 전문가의 도움이 필요합니다. 내비게이터가 여러분의 초행길을 잘 알려 주고 인도해 주잖아요. 교육과 상담이 이러한 역할을 합니다."

가장 가슴 아픈 말이 10대나 20대의 한창 젊은 청년들의 "저는 이미 글렀어요."라는 이른 절망의 말이다. 우상과 같은 신념이 우리의 삶을 오염시킨다. 한 번 제대로 꾼 꿈이 일생의 모든 것을 해결한다는 우상 말이다. 사실 한 번에 해결하는 삶이란 존재하지 않는다.

아이들은 그런 바람을 담아 실현 가능하지 않지만 가장 그럴듯한 것을 꿈이라고 지정한다. 그리고 과정의 대가에 아연실색한다. 몇 중, 몇 겹의 상처와 포기가 된다. 온갖 장애와 끈기, 기다림에 지치고 절망한다.

나이든 사람도 이런 말을 한다. "제 삶의 목표가 분명한데…… 왜 힘들까요?" 고달픈 과정은 당연하다. 나이테는 그냥 멋있게 보이는 게 아니다. 온갖 비바람과 견뎌 온 시간의 흔적이지, 그냥 얻어진 것이 아니다.

당연

앞에서도 잠깐 설명했듯이 우리를 당황시키는 문제 중의 하나는 '당연'한 것을 당연하지 않게 생각하거나 행동했을 때 발생한다. 모든 사람이 당연하다고 하는데 혼자만 생소하게 느낄 수 있다. 혹은 모두 생소한데 혼자서 혹은 몇몇이 그런대로 괜찮다고 마음 편하게 바라볼 수도 있다.

어른들은 자녀를 천둥벌거숭이라 생각하지만 아이들은 어른들이 손바닥으로 하늘을 가리는 식으로 자신을 훈계한다고 느낀다. 그럼에도 어른의 말을 듣지 않겠다고 차단하는 아이들은 드물고, 조금이라도 인격적이고 친절하게 말해 준다면 그 진심을 공유하고 싶어 한다.

어른들은 어른에 대한 아이들의 태도를 문제 삼지만, 그런 식으로 말하자면 아이들에 대한 어른의 태도도 마찬가지로 돌아봐야 한다. 아이들이 이런 이야기를 해서 뜨끔했다.

"우리가 나이가 어리고 몸이 작다고 생각이나 마음까지 덜 되고 작은 것은 아니잖아요. 그런데도 어른들은 일단 무시하고 어른들의 생각만을 강요하는데, 말이 안 돼요. 예를 들어 제가 청소를 안 했어요. 지저분하니까 불쾌한 것은 맞아요. 그렇다고 제가 미친 거는 아니잖아요. 그렇다고 제가 사람이 아닌 것은 아니잖아요. 어른들은 저희들의 행동 하나가 마음에 안 들면 전체적으로 문제라 말씀하시면서, 어른들의 실수나 모자람에 대해서는 은근슬쩍 넘어가 버리시죠.

사실 탯줄을 끊고 나오는 순간부터 우리는 '한 사람' 아닌가요? 자식이기를 거부하는 것이 아니라…… 오히려 연을 끊겠다는 말씀은 어른들이 아무렇지도 않게 하시며 우리를 위협해요. 그런 말을 들으면 우리가 얼마나 놀라고 무서운지 모르시나요? 처음에는 너무 슬펐다가 몇 번 들으면 될 대로 되라는 식이 돼요. 그러면 또 그런다고 뭐라 해요. 우리가 어떻게 하겠어요? 어른들은 정말 우리를 기본적으로 존중하는 게 아녜요. 아주 기본적인 존중부터 잊는다는 것을 아셨으면 해요."

당연한 내용으로 불행하거나 불만족하거나 삶을 부질없게 느낀다. 그리고 누군가는 평생 이 울타리를 벗어나지 못하고, 누군가는 일찌감치 박차고 나가 떨쳐 버리지만 자유로워지는 것이 쉽지는 않다.

하루에 한 번만 '당연하지'라는 생각에서 벗어나 보자.

'당연하지' 대신 '꼭 그래야만 해? 안 그래도
대세에는 아무 영향 없는 것 아냐?'
라고 생각해 보자.

의외로 우리를 묶고 있는 당연한 것들이 가벼워지는 것을 느낄 수 있다. 이해와 관용이라는 단어의 가치를 고려해서 무조건 개방적이어야 한다는 강제는 더 큰 혼란과 문제를 초래할 수 있다. 너무 큰 도전과 노력을 할 것이 아니라, 한 번만 더 생각해 보는 것쯤으로 하면 좋다.

일반화

일반화는 가장 일반적인 오류다. 내 친구가 만족했던 것이 당연히 나를 만족시킬 것이라는 생각에 유쾌한 허를 찔리는 일이 다반사임에도 불구하고 우리는 또다시 일반적인 적용을 시도한다. 오 헨리는 부질없는 질투와 시기심으로 삶을 허비하면 스스로 만족할 수 없는[14] 우리 모습을 이야기한다.

제각기의 성정을 떠나서 삶의 질을 함부로 다룰 수 없다. 그럼에도 지금 우리는 모두 평등하게 누려야 한다는 명분으로 서슴없이 '지옥'의 삶을 말한다. 평등은 우리의 입에 들어오는 떡의 크기가 같아야 한다는 뜻으로 말하거나 다룰 일이 아니다.

---

14) 할렘의 비극, 오 헨리

존재의 가치와 무게는 같을 수 있지만 타고난 성정이 다른데 입으로 들어가는 떡의 크기가 같다고 같은 만족을 느낄 수 있을까? 하다못해 먹기 위해 나는 갈매기도 있지만, 날기 위해 먹어야 한다고 귀찮아하는 갈매기도 있다.

식품영양 학자에 의하면 오랫동안 우리가 믿어 의심하지 않은 기초 대사량조차도 동일한 사람이 하나도 없단다. 그럼에도 우리는 같아야 한다는 것에 힘든 패를 걸고 있다. 그리고 당연하다고 생각하고 있다. 함부로 '같기'를 바라지 말아야 모두 좋을 수 있다.

어떤 사람은 앞날이 걱정스러워 시골로 가는가 하면 누군가는 도시로 나온다. 힘들 때 공부하는 사람이 있고, 힘드니까 하던 공부를 미뤄 두고 일하는 사람도 있다. 아프면 무조건 자는 사람이 있고, 정신을 못 차릴 정도로 먹는 사람도 있다.

서로 다른 행보를 책잡지 말아야 한다. 서로 다른 성정으로 다른 선택과 결정을 한 것이고, 그 덕분에 전체 사회는 움직이고 있다. 내 마음에 들지 않는다고 함부로 폄훼해서는 안 된다. 단지 그의 본성을 알지 못하여 이해하지 못할 뿐이고, 이해하지 못하니 마음에 들지 않을 뿐이다.

일반화는 좋다가 잠깐 놓칠 수 있는 정신이
살짝 건네주는 달콤한 유혹과도 같다.

간단하고 쉬운 접근이기도 하다.

사실 살아 있다는 것은 다른 것을 날마다 확인하고 다른 것 때문에 쟁쟁거리는 소란함이 자유롭고 편하게 나타나는 생기 발랄함을 말한다. 서로 다른 말을 하는 것이야말로 함께 살며 주고받는 매력이며 가치다.

일반화에서 벗어나서 이상하다는 탓을 들어도 너무 당황하거나 서러워하지 말자. 어쩌면 제대로 살고 있고 정말 좋은 선택을 했다는 방증일 수 있다.

완벽

행동주의만큼 환경 조건을 중요하게 강조한 이론은 없다. 그들은 조건에 반응하는 것이 환경에서 특징지어지기 때문에 환경 조건을 가장 중요하게 강조한다. 그래서 완벽한 조건에서 체계적인 전문성의 교사가 가르친다면 학습자는 최상의 교육 효과를 보인다고 자신했다.

그렇다면 최적의 조건이란 무엇일까? 게다가 삶이 실험실의 인위적인 조성과 같이 완벽할 수 있을지 모르겠다. 설령 조건이 완벽해도 사람마다의 개성과 주관적인 특질이 어떻게 동일 수준의 효과와 반응이 될 수 있다는 것인지 의문스럽다.

어찌 보면 가장 완벽한 조건은 지금 우리가 처한 현실이라고 할 수 있다. 결핍을 발견하지만, 다른 방도를 찾아낼 만한 자신의 힘을 발휘할 수 있는 시도가 가능하기 때문이다. 자신을 제대로 느낄 수 있는 조건이라는 면에서 완벽하다. 주인공으로서 지금 두 발을 땅에 디디고 스스로 살아 낼 수 있는 시간이 허락된 지금 여기라는 현실이야말로 생각에만 머물거나 학문에만 갇히지 않고 날것 그대로의 삶을 살아 낼 수 있는 절호의 기회이며 조건일 것이다.

이 완벽한 조건에서 서로 다른 생각과 행동을 하게 되는 이유는 무슨 신념으로 어떤 시비를 가리느냐와 개인의 특질 그리고 경험의 차이에 의한 화학적인 결과인 것으로 알고 있다.

우리는 조건으로 완벽해야 한다는 꿈에서 반드시 깨어나야 한다. 그러지 않는 이상, 결핍은 더 이상 기회가 아니라 고통스러운 절망이다. 구비된 완벽을 꿈꾸는 이상 우리는 만족하거나 행복할 수 없다.

미국에서 활동하는 아르메니아 화가의 어린 손주가 이젤에 놓인 도화지에 낙서 같은 그림을 그리자, 인자한 할아버지 미소를 지으며 당신의 작품으로 완성하는 것을 봤다. 추상화가라 가능하다 생각할 수도 있지만, 아이의 점과 선을 살려 현란한 색채와 구도로 작품이 되는 것을 감동적으로 봤다. 사실 추상

화여서 가능한 게 아니라, 삶이 그렇다. 잘못 들어선 발걸음은 되돌리면 되고, 잘못 선택한 것은 재차 시도하면 된다. 절대적인 시간이 한 번 가면 다시 돌아오지 않는다고, 우리가 삶 자체를 단회로 살얼음을 걷듯 살 필요는 없다. 더 중요한 것은 종국적으로 잘못된 선택은 없다는 점이다. 삶은 살아가는 과정이기에 결정적인 지점만으로 함부로 평가하거나 말 할 수 없다. 우리는 완벽에 대한 기대와 추구를 의심하지 않았다. 그것이 좋은 삶이라는 추론은 논리적으로 적합하지 않다. 좋은 삶이란 자기의 본성대로 살아내는 것이고 그것이 완벽한 거다.

*제대로인 완벽은 우리 자신이라는
의식과 느낌과 믿음이면 된다.
"내 자신의 삶을 충분히 살고 있는가?"
라고 스스로에게 질문하라.*

제한적 인지

출근길에 있었던 일이다. 넓은 교차로에서 좌회전하려던 차가 어찌나 과속이었는지 교차로 코너 건물 필로티 벽은 커다랗게 파여 있고, 반대편 교차로에는 몇 바퀴를 굴렀는지 모를 택시가 뒤집혀 있었다. 교통량이 많은 도로가 아니었기에 2차 사

　　　　　　　　　경계의 감정 Sentiment of the Edge

고차량도 없고 정체가 심했던 것은 아니지만, 버스 안에 있던 모든 사람들과 운전기사는 그 광경을 긴장하며 바라봤다.

내가 탄 버스는 그 사고 현장을 지나 서서히 좌회전하여 100여 미터 지나 정류장에서 승객들을 태웠다. 맨 먼저 탄 할머니는 버스 기사 뒤편에서 질문했다.

"기사 양반, 이 버스 시청 가요?"

"할머니, 위험하니 앉으세요."

"그니까, 이 버스 시청 가냐고?"

"할머니, 앉지 않으시면 위험해요. 제발 앉으세요."

"아참, 그니까 이 버스가 시청 가냐고?"

"할머니, 앉으시라니까요."

언성이 점점 높아지더니 불쾌함이 역력해진 할머니는 시청을 가야 앉을 수 있지, 가지 않는다면 내려야 한다며 역정을 내셨다. 기사아저씨는 할머니에게 앉으시라 할 때는 시청 간다는 말 아니겠냐며, 서계시다 사고 나면 큰일 난다며 볼멘소리를 했다. 그러자 뒤에서 어느 아주머니가 소리 쳤다.

"아저씨, 처음부터 간다 하시면 될 것을 언성까지 높이세요?"

버스 기사는 거울을 통해 아주머니와 할머니를 쳐다보더니, 한숨을 쉬었다.

우리가 아는 것과 모르는 것이 어떤 차이가 있을지 생각한다. 안다는 것은 이해의 폭에 큰 영향을 준다. 그렇다고 많이 아는 것에 이해의 폭이 비례한다는 말은 아니다. 더구나 그 앎이 논리나 기억에 의해 오류의 축에 빠져 있을 수도 있음을 간과한다. 무엇보다 내 눈으로 본 사실만이 전부라는 믿음이 감각을 통한 인지를 절대적으로 신뢰하게 한다. 어느 시점에 어디까지 보고, 아는지 한계도 고려해야 하고, 조건부적인 서술에 불과하다면 사실을 왜곡하는 것이다. 그러니 제대로 이해하거나 안다고 생각하는 것에 조심스러울 수밖에 없다.

선택적인 경험이나 한정적인 축적을 뛰어넘은 인지와 지각은 존재하기 어렵다. 간혹 일어나는 초자연적이거나 초월적인 혹은 과학이 밝히지 못하는 인식의 내용에 대하여 무의식(개인적이거나 집단적이거나)이나 선험적인 커다란 영역을 밝히고는 있으나, 그렇다고 그것이 지각 그 이상을 지각하거나 인지할 수 있음을 말하는 것은 아니다.

집단 지성조차도 '모든' 것을 인지하거나 지각하지 못한다. 다만 우리가 지각하는 '만큼', 인지하는 만큼이 있다. '그만큼'을 우리는 '전부'라고 말하고 믿고 있다. 어쩌면 우리는 '내가 알고 있는 한'이라는 표현이 너무나 일상적이어서 생략하기 시작했는지 모른다. 시간이 지나면서 '내가 알고 있는 한'이라는 것이 마땅한 전제이며, 그것이 정확한 표현이며 내용이라는 사실을 잊어서 '느끼는 한도'와 '아는 한', '본 바'에 따른 부분을 전체로 착각하며 괴로워하는 것일 수 있다.

우리의 인지는 '어느' 만큼이다. 이러한 사실 때문에 인간은 모든 기록과 모든 기억, 모든 사실, 모든 것에 대한 집착을 듬뿍 담아 '컴퓨터'에서부터 시작한 스마트 세상에의 지향성을 추구한다. 잠시 머물러 큰 숨을 쉬고 읊조리곤 하자.

"이게 다는 아니야.
분명 이것이 내가 알고 있는,
확신하고 있는 이것이 '다'는 아니다. "

불가지론을 말하는 것이 아니다. 한 번 더 생각하고 한 번 더 찾아볼 수 있다는 말을 하는 것이다. 우리가 전부라고 생각하는 순간 멈추어 버리는 인지의 작동을 생각해 보자면 이 말이 무슨 의미인지 느껴질 것이다.

당연하다고 느끼는 순간 우리가 넘기는 사각지대는 대단하지는 않다. 하지만 마치 엄청난 예산이 투입된 우주선이 가장 자그마한 나사 하나의 결점으로 순식간에 재가 되어 버린 것과 흡사하다. 자그마한 것조차도 당연하다고 말하기에 우리가 놓치고 혼란스러워하도록 하는 것은 의외로 인지의 오류다.

세상은 내 감각으로 제한되고,
내 인지로 다시 재단되어,
내 감정만큼 내게 들어온다.

편집된 기억

기억의 오류가 경험의 질을 떨어뜨리고 있다. 분명한 기억이 잘못이라는 것을 경험한 적이 누구에게나 한 번쯤은 있을 것이다. 굳이 잘못이라 말하려는 것이 아니라, 기억하고 있는 값이 오류로 저장되었을 수 있다.

어릴 적 그렇게 넓었던 운동장이 손바닥만 하게 보여서 당황하지 않는가? 틀림없다고 생각한 우리의 기억도 종종 틀릴 때가 있다. 그런데 이 기억은 꾸준히 우리의 뇌에 저장되어 중요한 잣대로 작동한다.

뇌가 기억하는 값이 오류임을 인지적으로 발견하고 정정하는 것은 중요하다. 그에 못지않게 중요한 것은 자료 값에 대한 우리의 마음이다. 이것을 인정하고 싶은지, 부인하고 싶은지에 따라 우리의 뇌는 저장하지만 사용하도록 내놓는 모양새가 다르다.

    경계의 감정 Sentiment of the Edge

가슴 아픈 일이지만 자신의 행동을 합리화하기 위해 하나의 거짓말을 한 것이 지속적으로 타당하다고 꾸준히 자신의 마음과 생각을 정하면, 거짓이 사실이라는 논리적인 흐름을 유지할 수 있다. 깊은 부정과 부인의 갈등은 남아 있지만 그 무의식의 아픔은 다른 신호로 나타나고 거짓을 덮어 버린 선택을 지속적으로 유지하는 회로가 성립된다. 거짓말은 이렇게 대를 이어 또 다른 거짓을 낳는다. 열렬히 바라는 것을 향한 일념이 거짓으로 당위성을 충족하다보면 거짓의 확장으로 사실이 어지럽게 변색된 것을 발견하게 된다. 여기에 기록의 편집까지 더하면 어떤 사실도 본래의 모습대로 유지되기 어렵다.

막장 드라마에 나오는 캐릭터가 아니다. 가면으로 연출하고 싶은 열망이 반복되면 무엇이 사실인지조차 헷갈려 사실과 진실의 거리를 스스로 의도하는 대로 살게 된다. 이런 주위의 사람으로 인해 고통 받고 힘들어하는 사람은 의외로 많다[15].

시간이 흐르면서 그 거짓에 함께 동화될 때가 있다. 어떨 때는 안쓰럽다는 생각으로 회피하기도 한다. 당신의 마음까지 내

---

[15] 리플리 증후군

가 시비(是非)할 수 없다는 생각을 하나, 괴로움이 어찌 없겠는가. 내 마음이 이리 불편한데 당사자야 오죽하리요.

거짓은 남이 굳이 벌하지 않아도 거짓을 말하는 순간부터 시지포스처럼 벗을 수 없는 고통을 짊어지게 된다. 스스로 지속적으로 어려움과 혼동으로 갈등하는 동안 마음의 신뢰와 평안을 잃기 때문에 이미 형벌을 받고 있다. 무서운 괴로움이다.

그나마 기억을 점검하며, '꼭' 그렇지 않다는 쇄신을 한다면, 생각과 행동을 습관과 패턴을 따라 반복하지 않을 수 있다. 매일 지나다니는 길을 신선하게 바라보며, 관찰하는 노력으로 삶의 풍경은 달라진다. 경험할 것을 이미 알고 있다는 이유로 지나치고 흘려버릴 때, 많은 기회와 가능성이 같이 떠내려가는 것임을 명심하자.

어느 사람이 돌아가신 어머니 유품을 정리하다, 눈부신 햇살을 받으며 20여 명의 사람들이 환하게 웃는 사진을 발견했다. 빛바랜 사진의 선남선녀들은 분명 어머니에게 중요했던 듯, 평소 즐겨 보시던 책 속에 깨끗하게 꽂혀 있었다. 궁금한 마음으로 사진을 들췄더니, 뒷면에는 가지런한 글씨가 있었다.

"지금, 여기, 우리 모두가"

이렇게 당황스러울 수가…. 그 사진에 있던 사람들이 누구인

   경계의 감정 Sentiment of the Edge

지 모르고, 사진을 추억할 어머니조차 돌아가셨으니, 어느 때 어디에서 어떤 사람들이 즐겁게 모였던 것인지 도무지 알 길이 없었다. 우리의 기억이라는 것이 마치 이럴 수 있다.

지금, 여기, 우리 모두는 아주 구체적인 말이지만, 하나도 정확하지 않을 수도 있다. 우리의 기억도 또렷하게 되살아나기는 하지만, 정말이지 정확하지 않은 단편으로 대단한 편집의 부산물일 가능성이 크다.

이제부터는 조심스럽게 말하자.

"내가 정확하게 기억하는데……."

라는 말을 말이다.

4. 다양한 반응

잘 자라던 아이가 음주운전 차량에 치여 며칠간 사경을 헤매다 결국 하늘나라로 갔다. 하루아침에 자식을 먼저 보낸 아이 엄마는 가슴 아파 울부짖는데, 아이의 아버지는 묵묵히 일을 치렀다. 혼절해도 잃은 아이가 돌아오는 것도 아니고, 안타까운 마음을 아무리 토로해도 바뀌는 것은 아무것도 없다는 사실에 엄마는 더 억장이 무너졌다.

모든 일을 마치고 집에 돌아와 아이의 빈 책상을 보며 갑자기 모든 원망이 남편에게로 향했다.

"딸이라고 당신은 그리도 무심한가?"

남편에게 온갖 한탄과 서러움을 토로하다가 그래도 꿈쩍 않는 남편이 너무 야속해서 붙잡고 늘어졌다. 비틀거리는 아내를 잡으며 외마디 소리가 터진 남편의 입에 시커먼 피가 그득했다. 아무 소리 않고 가슴 아픈 시간을 보낸 아이 부친은 슬픔을 삼키느라 입에 피가 터지도록 참고 있었던 것이다.

　　　경계의 감정 Sentiment of the Edge

웃거나 우는 모습으로 감정의 크기와 강도를 말하는 것은 적절하지 않다. 미소와 웃음의 차이가 즐거움의 양적인 차이를 나타내는 게 아니다. 눈물을 뚝뚝 떨어뜨리기보다 눈에 그득하게 차오르는 눈물이 덜 슬프거나 참담한 게 아니다. 너무나 놀라서 엉덩방아를 찧는 사람이 있지만, 어떤 경우는 완전히 경직되어 나무토막과 같이 얼어 버릴 수도 있다.

반응의 크기로 자극의 정도를 가늠하거나
느끼는 강도를 측정할 수 있다고 생각하지 말아야 한다.

반응과 행동으로 사람의 생각이나 감정을 이해하며 정리하는 것은 위험하다. 행동과 반응을 관찰하여 습관을 알아내는 것이라면 몰라도, 어떠한 성품이라거나 성격이라는 식의 결정적 정리를 하는 것은 타당하지 않다. 같은 자극에도 느낌이 다를 뿐만 아니라 반응은 더더욱 다양하다. 겉으로 드러나는 결과를 많고 적거나 크거나 작은 성과로 가늠하는 것은 섣부른 판단이며 값비싼 대가를 치러야 하는 오류에 불과하다.

자극-반응

자극이 있어 반응이 있다는 간단한 가설의 구조는 오랫동안 의심 없이 활용되었다. 하지만 이 가설을 타당하게 증명하기 위해 진행된 무수히 많은 실험이 얼마나 작위적이며 가혹했는지 안다면 자극과 반응의 당연한 구조를 위해 그리도 큰 대가를 지불해야만 하는지 묻고 싶어진다. 고전의 파블로프만 해도 먹이를 보고 침을 흘리는 개의 반응을 정확하게 측정하고자 개의 침샘에 호스를 꽂아 비커로 침이 고이게 했다. 그러기 위해 아래턱에 구멍까지 냈다. 실험의 편의를 위해 개는 벨트로 온 몸을 묶였고, 반복되는 실험으로 히스테리 증상까지 나타냈으나, 유의미한 표본 수를 위해 이렇게 희생된 개는 셀 수 없이 많다. 실험실에서 관찰할 수 있는 반응이 모든 것을 대변할 수는 없다. 그럼에도 표본과 실험, 가설을 증명하려는 목표의식이 다른 형태의 자극을 모색하고 그에 따른 반응을 관찰하고 분석하며 많은 이론과 요인들의 상관성을 풍부하게 다룰 수 있도록 돕는다.

관찰할 수 있는 자극을 주고, 관찰 가능한 반응을 정리하여 가설을 증명하는 과정이 확실하게 과학적인 것은 알겠지만 자연스럽다고 할 수는 없다. 언제나 과학인 자연을 생각하자면, 광활한 현실을 실험이라는 아주 작은 조각으로 미세하게 들여다 본 것일 뿐인 과정이 오류가 없다고 자신하기 어렵다. 때론 적합할 수 있지만 어느 때는 타당한 것이 전혀 온당치 않은 조건과 자극일 수 있음을 배제하거나 부정하면 안 될 것이다. 바

 경계의 감정 Sentiment of the Edge

늘이나 못과 같이 뾰족한 끝을 모두 조심스러워 해도 어떤 사람은 서슴없이 그 위에 올라설 수 있다. 땅콩이나 달걀이 건강에 아무리 좋아도 알레르기 반응을 일으키는 체질을 가진 사람에게는 소량으로 목숨을 잃을 만큼 치명적인 위험이다. 세상에 어떤 것도 절대적인 자극과 반응의 일괄적인 흐름에 따를 수 없다. 그럼에도 반응행동은 마치 자극이 있어야 나타나고, 자극을 받으면 반드시 반응이 있으리라는 단선적인 시각은 강요에 가깝다.

마찬가지로 인과론도 석연찮은 구석이 있다. 슬프고 힘들어서 울고 있는 사람에게 자극은 무엇이며, 반응은 무엇이라고 정리하겠는가. 무슨 이유로 슬프고 그래서 어떤 결과가 나타났다고 생각하나. 반드시 그러하지 않을 수 있다. 슬픔을 느낀 것이 자극이나 반응으로 간단하게 정리할 수 없다. 할아버지만 생각하면 눈물이 난다는 소년은 굵은 눈물을 뚝뚝 흘려 마주 앉은 마음까지도 착잡하게 했다. 쉽게 말을 건네기 어려웠지만 차근차근 대화해보니, 연로하신 할아버지를 생각하면 어렸을 때 소리 지르셔서 벌벌 떨었던 자기의 모습이 떠오르고, 이제는 약해지신 할아버지가 모두에게 너그러워졌지만 유독 할머니에게만 모질게 하시는 것이 왠지 불편하고, 가장 아이러니한 것은 아버지가 할아버지께 무례하게 대하는 모습이 한 편으로 이해도 되고 한심하게도 느껴진다는 식의 이야기를 한동안 했다. 아이의 슬픔의 원인은 무엇이고 무엇이 자극이 된 반응이라고 간략하게 말하겠는가? 우리가 느끼는 감정의 많은 내용들이 이 소년과 같이 복잡하기 이를 데 없다. 좋지만 연관해서 떠오르는 다양한 생각들이 반드시 하나의 내용만은 아니다. 이것저것 따져 보면 다양하고 복잡한 다른 감정이나 생각이 있을 수 있다.

현관에 들어서면서 "엄마"를 부르며 들어온 아이는 현관부터 엄마를 떠올렸는가? 학교에서 혹은 친구들과 놀면서 간간이 엄마 생각이 났을까? 혹시 엄마를 까맣게 잊고 한순간도 떠올리지 않았다고 해도 마음 깊이 집에 가면 엄마가 있다는 생각이 아예 없겠는가? 어디서부터 아이는 엄마를 생각하며 그리워했다고 말하면 정확할까? 보이는 대로, 말하는 대로, 표현하는 대로 등 ICT 세상은 가시화된 행동과 현상을 관찰하고 그것부터 다루기 시작하는 편이 강하다. 우리의 내면에 꽉 들어차있는 생각과 감정의 존재, 역동 등이 드러나야 비로소 인정하거나 다루는 경향이 있다.

우리의 감각이 느껴지는 바를 100% 온전히 의식하지 못하고, 인식하는 전체를 온전히 느끼지 못하고, 느끼는 것의 모든 것에 철저하고 완벽하게 반응하지 못한다는 점은 중요한 사실

　　경계의 감정 Sentiment of the Edge

이다. 더 놀라운 것은 100% 인지하지 못한 것으로 여겨진다고 나의 감각이 활동하지 않은 것은 아니었다는 점이다. 충분히 느끼지 못했다고 나의 감각이 놓쳤거나 인지되지 못했던 것도 절대 아니다. 제대로 반응하거나 행동하지 못했다고 느끼지 못한 것이 아니고, 생각이 없는 것은 더군다나 아니다. 설령 순간의 반응과 표현을 위해 우선순위에서 밀려 인지된 것을 느끼지 못하고, 제대로 반응하는 것을 놓쳤다 해도 우리들 자신은 경험했고 인지하고 느끼고 반응하고 있다. 제한적으로 가시화된 것이 전부인 것으로 착각하지 말아야 한다.

대응관리

사실 염려스러운 것은 무뎌진 감정과 생각하기를 등지는 것이다. 어떤 일이 있어도, 혹은 아무 일이 일어나지 않아도 생각은 멈추지 않는다. 감정도 찰나를 놓치지 않고 아주 예리하고 정확하게 움직인다.

우리는 가끔 무슨 이유에서인지 일어나는 감정을 부정하거나 외면하곤 한다. 생각하기를 멈추거나 굳이 회피하려 한다. 아무리 회피하고 외면해도 생각과 감정은 한시도 멈추지 않는다. 사실 생각과 감정의 지향점은 늘 같다. 각자가 살아 있으며 존재 자체만으로도 충분하다는 사실을 기꺼이 알려 주며, 그 생존에 적합하도록 독려한다. 존재의 중요한 기본 얼개다.

당연하게 간주하며 놓치는 것이 바로
자신이 삶의 주역(主役)이라는 핵심이다.
우리의 불안과 우울은 사소한 것을
주인의 자리에 들여놓고, 주역을 조연이나 주변으로
도치하며 생기는 충돌과 혼란의 메시지일 수 있다.

정체성을 말하면서 직업과 지위를 다루는 사람이 있다. 정체성은 존재를 말하는 것이며 존재의 특질이지, 하고 있는 일과 그 일의 지위와 숙련도, 역량의 크기로 포장하거나 대체할 수 있는 성격의 것이 아니다. 정체성을 기능과 역할로 말하면 조금씩 벌어지는 생각의 각도가 종국에는 가늠할 수 없이 벌어진 것을 발견하게 된다. 당황스러운 차이다.

지금까지 어떤 리더십을 기대하며 꿈꾸었던가? 리더십은 정체성을 설명하는 하나의 도구일 뿐이지, 지위와 역할의 값으로 생각하고 요구해서는 안 된다. 리더십을 역할과 기능으로만 보면, 시대적인 리더의 변화가 마땅하고 승패에 따라 리더는 혼전을 거듭하며 바뀔 거다. 리더의 철학이나 신념을 존중하며 이해하기보다 어떤 성과와 성취였는지에 따라 분석하게 된다.

성공적인 결과를 분석해서 의미와 가치를 소급 설명하게 된다. 마치 위인의 업적에 맞추어 어렸을 적 에피소드 조차 적합하게 꿰듯 설명한다.

중간관리자의 미덕이 조직의 허리역할을 잘 하는 것으로 전체적인 이해와 원활한 관계, 의사소통이라고 정리하고 그에 적합하지 않은 사람을 탐탁하게 여기지 않는다. 조직의 간섭과 요구에 부합하지 않다고 느낀 중간관리자는 조직을 떠난다. 결국에 조직에 남은 사람은 순응적이고 화합은 잘 하지만 도전적이거나 승부욕은 상대적으로 월등하지 않고 온화한 사람이 주류를 이룰 수 있다. 막상 그들이 보다 경쟁적인 위치의 관리자로 역할을 해야 할 때면 내부적인 소통은 훌륭하지만 조직의 생산성을 책임져야 하는 면에서 제한적일 수 있다는 염려가 새롭게 부각된다. 강력한 지도력이나 생산성을 발휘할 관리자를 새롭게 영입하는 것도 방법이기는 하지만, 사실 기업에서 필요한 사람을 그렇게 수혈하는 방법과 인식은 구조적으로 조직에의 몰입과 충성심에 도움이 안 된다.

우리가 존경하는 세종대왕, 원효대사, 소크라테스, 에디슨, 아인슈타인 등 많은 지도자들이 21세기 이 자리에 있으면 범인(凡人)에 불과할 것으로 생각하는지 궁금하다. 그들은 어느 나라, 어느 시점에서도 자기 존재에 충실하고 자기에 집중하여 여전히 자기만의 존재 값을 충분히 할 것이다.

리더십은 정체성이기에 고귀하고 존엄하며 개인의 특질을 반영한 상호 관계의 역동에서의 영향력이다. 존재 값에 충실한 사람을 그만큼 인정하고 존경하며 기꺼이 허락한 영향력이다. 이러한 정체성의 사회적 가치와 의미, 영향력을 지위와 기능의 효율성을 위한 도구로 착각해서 다루기에 '~한 리더십'이라는 기본 명제를 만들어 내고 그것을 효과적으로 발휘할 수 있는 훈련과 연습이 아무런 의심 없이 행해지고 있다.

단언컨대 리더십은 한 개인의 특질이 가장 충분히 발휘되는 사회적 관계의 충만한 모습이다. 누군가를 흉내 낸 리더십이 실패할 수밖에 없고, 누구에게도 제대로 지속적인 영향을 줄 수 없는 이유이기도 하다. 그래서 리더십은 자기 이해에서 출발하며 자기 관리(self-management)에서 절정에 달한다.

하늘은 스스로 돕는 자를 돕는다.

소통

'알아내려는' 대화는 불편하다. 알고 싶은 사람의 부드러운 말투와 유쾌한 웃음으로 포장한 심문 현장과 같다. 함께 대화를 하겠다는 전제가 아니라, '나는 알아내고야 말겠으며, 너는 내게 고지해야 할 의무와 책임이 있는 거야.'라는 입장일 뿐이어서 서로에게 피곤하다. 이런 의도를 느낄 때면, '왜 물어보고, 무엇을 알고 싶은지' 불쾌한 마음을 감추지 못한다.

자녀와의 소통이 어렵고 힘든 부모들이 대화법을 배우고 익히는 노력을 한 때 유행처럼 했다. 그렇게 시작해서 상담이나 사회복지 관련 일을 하는 사람도 있고, 학교에서 자원봉사활동을 하는 경우도 있다. 아이들은 부모들의 이런 노력과 변화를 눈치 챈다. 눈치 챈다는 점에 주의를 기울여야 하는데, 많은 의미가 있다. 처음에는 대화기법의 표현이 상냥하고 인격적이어서 솔깃해져 마음과 입을 열었다면, 거듭 경험하며 말투와 태도만 부드러울 뿐이라는 사실을 발견한다. 또 다른 경우, 처음에는 윽박지르며 말을 들으라는 부모님보다 상냥하게 대화하는 상담선생님과 많은 대화를 하지만 결국 어른들의 말씀대로 하라는 입장은 다르지 않다는 것을 느끼면 급작스레 마음을 닫거나, 상담실을 이용하는 방법이 다양해진다. 필요한 지원을 요청하거나 불편한 자리를 피할 수 있는 방법 등 독특하고 특별한 이유는 다양하다.

내 방식대로의 이해는 확인하려는 것일 뿐, 확신과 공감까지 이르기는 어렵다. 진정한 이해는 듣는 사람의 가치관과 입장에서의 확인과 납득이 아니다. 많은 말과 시간을 할애하며 대화기법의 기술적인 연마를 위해 노력하지만, 그것은 진입 단계를 닦는 것에 지나지 않는다.

말하는 사람의 마음과 생각과 바람을 그 입장에서의 욕구로 느끼고 인정하는 것을 이해라고 할 수 있다. 마음을 공감하고 말하는 사람을 온전히 이해하는 중요한 단서로, 감정을 배제해서는 안 된다. 어쩌면 가장 예리하고 정확한 방아쇠는 감정이라 하겠다. 그래서 다른 사람과의 대화에서 공감이 충분히 이루어졌다는 것은 누군가 하고 싶은 말을 하며 자신에 대한 통찰을 얻었다는 의미다. 감정은 정확한 자기의 생각을 반영하고야 말기에, 감정을 살피고 이해한다는 것은 자신을 성찰하는 것과 같다.

듣기

대화에서 경청은 정말 중요하다. 말을 잘하는 가장 좋은 방법은 잘 듣는 것이다. 이것은 공부를 열심히 해도 시험을 잘 못 봤을 경우 억울하고 안타까운 것과 유사하게 설명할 수 있다. 그리고 우리가 언어를 습득하여 처음 소리를 내어 말을 하기 시작할 때와 동일한 흐름이기도 하다.

잘 듣는 것은 잘 말하기 위해서이다. 그래서 대화를 잘한다는 것은 잘 듣는 것에서 출발하고 잘 듣는 것을 의미한다고 해도 과언이 아니다. 경청은 주의 깊게 집중해서 듣는 것을 말한다. 그런데 이것을 깊이 생각하고 이해할 일이다. 주의 깊게 듣는다는 것은 단지 집중하는 것만을 말하는 것이 아니다. 일본의 유명한 스즈끼 선생은

"마음이 소리를 듣는다는 것을 잊는 순간,

귀는 듣는 힘을 잃는다. "

고 했다. 경청은 이렇게 마음을 다하여 말하는 사람의 소리를 듣는 것이며, 듣는 사람의 감각과 지각, 판단을 납득할 수 있을 때까지 집중하고 매달리는 태도를 말하는 게 아니다. 아무리 긴 시간 동안 말하는 사람을 방해하지 않고 듣기만 했고, 많은 내용을 들었다 하더라도 들으면서 판단하고, 옳은 것과 그른 것, 마음에 드는 것과 그렇지 않은 것, 사실과 거짓 등을 나누었다면 경청이 아니다. 정보 분석을 했을 뿐이다. 이러한 태도로 귀를 기울이는 것은 듣는 사람이 필요하니까 들어줄 뿐이다. 듣는 말에 마음을 집중해서 말하는 사람의 마음과 뜻을 받아들이는 것이 아니어서, 말하는 사람을 존중하는 태도가 아니다. 이렇게 듣는 사람은 불쾌하다. 왜냐하면, 필요한 것만 알고 싶고, 듣고 싶다는 기준을 선포하고 '알아내려는' 훤히 들여다보이는 태도 때문이다.

촘스키는 생래적으로 언어를 이해할 수 있음을 말했다. 그럼에도 우리가 서로의 말을 못 알아듣는 것은 제대로 듣지 않았기 때문이다. 말을 하려고만 했지, 말하는 사람에게 집중해서 듣지 않았다는 뜻이다.

공감

진정으로 이해한다는 것은 당신과 내가 다른 사람이라는 점을 인정할 때, 비로소 가능해진다. 그리고 그 다른 성정의 존재임을 인정하는 접경에는 어떠한 차별이나 별다른 요구와 판단이 조건일 수 없다. 존재에 대한 무조건적인 인정, 수용이 진정한 이해다.

그럼에도 우리는 이러한 포인트를 놓치고 역지사지(易地思之)라는 말에 감탄하며 다른 포장지에 싸인 여전한 '이질'을 이질적이지 않은 것으로 착각하고 눈을 감고 놓치곤 한다. 이것은 오히려 큰 불신이나 거리감을 확인하는 것이다.

공감은 입장을 바꿀 수 없는 당신과 나의
'다름'을 인정하여, 당신의 그 감정과 느낌을
고유하고 주관적인 내용으로 인정하고
존중하고 수용해 주는 것을 말한다.

　공감을 느끼게 되면 서로 존중하고, 서로의 가치를 인정하게 된다. 내가 나에게 중요한 만큼이나 당신에게 중요한 당신을 존중하고 신뢰하는 공감은 이해하는 '척'과 판이하다. 공감은 감정이 교류하고 이해되었으며, 그 감정이 어떤 생각의 반영이며 가치관의 표현임을 이해하고 인정할 때 생기는 역동이다. 단지 감정을 수긍해 주는 것에 그치는 것이 아니다. 공감은 소통이 활발한 데 그치지 않고 인지와 경험까지 망라한 이해를 상호 이루었으며 그 가치를 인정했다는 의미다.

　공감은 서로에게 힘과 용기를 북돋아 준다. 왜냐하면 존재에 대한 인정과 신뢰의 표현이기에 다른 사람의 인정과 신뢰는 사람들로 하여금 자기 자신에 대한 이해와 가치를 극대화시키는 힘이 되기 때문이다.

　이러한 '공감'을 오해하고 있다. 하고 싶은 말을 충분히 했고, 듣고 싶은 말을 듣기 위해 오랜 시간을 할애했다면 소통에 지나지 않는다. 듣고 싶은 말 한마디를 들은 그 사람은 아마도 자기가 사용하고 싶은 대로만 휘두를 것이다.

　우리는 여기에서 '편집'의 위대한 힘을 경험하게 된다. 이러한 편집은 우리로 하여금 불신과 배반을 더 크게 느끼게 할 뿐이다. 사실, 대화나 생각이라는 것은 이렇게 하는 것이 아니다. 그래서 말을 가리켜 생각이 담긴 중요한 활동이라고 한다.

누구나 인정받기를 바란다. 인정받고 칭찬받는 것을 마다하고 '악'이나 참견으로 여기는 사람은 없다. 누구나 자신의 존재를 제대로 인정받기를 갈구한다. 공감은 짧은 순간, 자그마한 상황이라도 이러한 인정의 욕구를 극대화시켜 충족시키고 해결해 준다. 그래서 대부분의 사람들은 공감을 받으면 자신감이 증대된다. 감성의 활성화, 감정지능과 관련해서 회복탄력성을 다루는 이유이기도 하다.

간혹 감정과 감성, 기분을 지각과 이성이 제대로 작동하지 못한 미성숙한 단계의 발현 정도로 착각한다. 하지만 결코 아니다. 감정은 가장 이성적이며 정확하고 정직한 생각이다. 감정이 '아니'라고 하며 이성이 '그래야만 한다'고 할 때, 우리가 무엇으로 괴로워하는지를 잘 따져봐야 한다. 그리고 감정의 소리를 놓치면 자기 자신에 대한 이해와 통찰보다 페르소나에 길들여진다. 이러한 감정과 이성의 분열이 누적되면 자기 자신을 믿지 못하고, 세상을 한탄하게 된다. 삶의 만족도는 당연히 떨어지며 불만족스럽게 느껴진다.

인간관계의 가장 정점은 공감이다. 다양한 방법으로 소통하려는 우리의 노력은 단지 풍부한 방법론의 효율적인 실행을 위함이 아니다. 소통이 필요한 거리와 온도의 '차이'를 인정하며 서로의 감정을 느끼고 '납득하며 존중'까지 하려는 시도와 접근

 경계의 감정 Sentiment of the Edge

이다. 그래서 공감은 함께 울어주거나 화내는 것에 그치는 게 아니다. 오히려 그 감정-기쁨, 분노, 슬픔, 두려움, 미움, 사랑 그리고 욕망까지도-을 느끼는 인격적인 존재의 생각과 가치관, 판단, 신념까지 인정하고 존중하는 것이다. 그래서 이 지점의 경직된 내용을 돌아볼 수 있도록 질문하면 상대방 스스로 생각하며 자기개념을 점검하게 된다. 공감은 "그럴 수 있다."는 수긍과 납득에 머물지 않고, 다른 사람의 가치관을 고려한 존재 양식을 포함한 인격적인 존중이다.

공감이야말로 당신의 감정이 어떠한 사고와 인지, 기억과 경험, 가치관과 신념으로 인하여 생긴 것인지를 인정하고 개인마다 특별할 수밖에 없는 그 내용을 존중하는 것이다. 그래서 공감은 간단하지 않다. 쉽지도 않다. 공감은 총체적인 존중과 진지한 이해에서 비롯되는 사고와 판단의 과정에서 가능하다.

5. 감정 살피기 5단계

감정 때문에 이상한 사람으로 판단하거나 기분 탓으로 문제의 이유를 몰아 분석하는 경우가 많다. 문제가 되는 많은 경우, 기분을 조절하지 못하거나 감정이 전면에 나섰기 때문이라는 해석은 한 편으로 마음을 편하게 해 줄 수도 있다. 대부분의 사람이 속수무책일 수밖에 없는 감정이 어김없이 발동한 탓이니 정상 범위의 행동과 무관하고 더군다나 인격이나 역량과 다른 축이라는 합리화 덕분이다.

거센 태풍과도 같은 감정폭발은 병리적인 범주라는 설명은 통계의 수량적인 제시와 해석으로 치부한다. 마치 이상적인 옳은 지점이야 갈망하나 희박하다는 사실이 주는 위안 같다. 누군들 화나고 슬픈 상황에서 온화한 미소와 평온한 마음을 유지하는 것이 쉽겠는가. 늘 평온하기를 바란다고 아무 일이 생기지 않는 무미건조한 시간을 반기는 것은 아니지만, 한 결 같이 안정적일 수만 있다면 성공적인 인생을 살며 이상적인 리더십을 발휘하는 사람이라는 평가로 존경 받을 것이다.

그래서인지 아픈 일이 생겼는데 전혀 아프지 않으려 노력하
거나 연마하고, 고통과 상관없는 입장을 발견하여 그 자리에서
관조하기를 연습하는 것이 목표가 된다. 이러한 시각이나 견해
가 거짓은 아니지만, 실제 느껴지는 체감을 단절하거나 둔감해
야 냉철한 생각이 지배하며 자기 자신이 보다 고양된 삶을 살
수 있고 만족한 평안이라는 정리는 의아하다. 부정과 회피, 외
면은 아니지만 그렇다고 구체적이고 정확한 실체를 파악하지
못했다면 실제로 무엇을 담고 버려야 하는지 어떻게 확신하는
지 궁금하다. 현실적인 상황으로부터 유리된 연습이 현실을 어
떻게 체감하도록 돕고 지원하는지 의문스럽다.

산만하고 돌출 행동을 일삼는 아이로 곤란을 하소연 하는 선
생님은 생생한 삶의 현장을 대표한다. 좋은 부모가 되려면 교
육받고 훈련 받으며 연습할 수 있으면 좋겠다는 이야기를 하던
20여 년 전의 이야기와 유사하다. 좋은 교사는 자신의 탁월한
지식과 우수한 성적만으로 가능하지 않다. 대학 신입생일 때
학계에서 존경 받는 원로교수님의 강의를 들으며 '내가 아는 것
과 남에게 가르치는 것, 내가 말하고 싶은 것과 다른 사람이 알
아듣도록 표현하는 것, 내가 제시하는 가치와 그 가치를 다른
사람으로 하여금 느끼도록 촉진하는 것'이 동일하지 않다는 경
험을 했다. 많이 아는 사람이 될 것인가, 잘 가르치는 사람이

될 것인가를 친구들과 토론하던 기억이 난다.

교육학은 사람이 얼마나 다양한지 잘 가르치는 것을 연구한다. 하지만 정량적인 교육 평가의 전면적인 의존은 구조적이며 과학적이라는 안도와 함께 교육 현장에서 만나는 사람과의 역동을 배제하는 실수를 낳게 된다. 지금과 같이 지식과 정보가 도처에 가득해도, 여전히 우리를 곤란하게 하는 것은 '앎'으로 현장의 문제를 예방하거나 해결하는데 한계가 있다는 점이다. 현실은 적용이고 활용이며 '온전한 앎'이 필요하다. 교육학이나 부모교육, 상담학 등은 정통하게 배운 것과 가족과 함께 사는 실제 모습의 괴리가 클 가능성이 크다. 오랜 책에서 유아교육학 교수님이 수업에서 가르치던 것과 막상 자녀를 기르며 맞닥뜨리는 현실의 괴리를 당황스럽게 경험한 고백을 솔직하게 했다[16].

30여 년 전 은사님의 말씀이 평생 가슴에 남아 삶의 모토로 영향을 준 것을 고백하자면, 교육과정과 성취의 통계로만 교육 평가가 가능한지 의문이 든다. 말은 하는 사람보다 듣는 사람에 따라 가치가 달라진다는 교수님의 긴 당부가 기억난다. 교육,

---

16) 젊은 엄마를 위하여, 이원영, 샘터출판사

말, 감정도 그렇다. 그리고 꽤나 많은 것들이 이와 유사하다. 감정을 느끼는 것도 중요하지만 그 감정이 공감 받음에 따라 의미와 행동이 천차만별 촉발될 수 있다.

이러한 면에서 환경이 중요하다고 할 수 있다. 환경만이 우리의 행동과 삶에 절대적인 영향을 주는 것은 아니다. 하지만 환경을 자신이 굴복하고 따라야만 하는 조건으로 받아들이는지, 정복하고 해결해야만 하는 대상으로 바라보는지 등과 같은 시각에 따라 전혀 다른 인식과 행동을 하게 될 뿐만 아니라 아주 생소한 감정을 느끼게 된다.

분명히 최초의 선택과 이론적인 입장의 설계와 목적은 아이들을 사랑하고 성장하도록 하는 거룩한 사명이다. 그리고 지금도, 앞으로도 교사로서의 본분과 역할을 의심하거나 부정할리 없다. 하지만 교사는 아무도 실제로 알 수 없는 사건과 상황이 순간순간 역동하는 교실과 산적한 행정으로 가득한 의무에 둘러싸여 있다. 교실에서 교사가 만나는 순간들은 학문과 이론으로 배울 때와 유사하지 않고, 생소하고 숨 가쁜 상황이 현실적으로 벌어질 뿐이다. 누구도 돕거나 지원해 줄 수 없고, 그 순간을 사실에 입각한 평가나 분석을 해 줄 수도 없다. 그런데도 끝없이 시간을 보내야 하고, 평가를 받는다. 당황스럽게 땀을 흘리며 수업을 진행하지만, 이해할 수 있는 범주의 행동과 반응을 보인 학생들이 어느 정도인지 따져보며 낙담하기 쉽다.

이렇게 지쳐가고 힘들어지는데 게다가 돌출행동까지 하는 특별한 아이가 있다면, 잃어버린 한 마리의 양을 위한 목자의 헌신을 거룩하고 숭고하게 인정하는 생각은 먼 나라의 이야기가 될 가능성이 크다. 현실을 반영하여 간단하게 생각하면 제대로 앉아 있고 주목하는 다른 아이들을 생각하지 않을 수 없어 특별한 한 아이는 벌을 주든가 격리하거나 어떠한 조치를 취하는 것이 당연하다. 이러한 상황이 반복되는 일상이면 교사는 무사히 지낼 수 있는 한 시간과 하루가 얼마나 간절하겠는가.

우리가 느끼는 감정은 이와 유사한 흐름을 가지고 있다. 좋은 감정을 느끼며 삶을 만족하게 살고 싶은 바람이고, 이를 위해 나름대로 열심히 배우고 노력하고 있다. 산발적인 상황과 사건이 거듭되어도, 어느 정도까지 배운 대로 좋은 것만을 추구하거나 지향하고 전경(前景)으로 두기 어렵지 않을 수 있다. 그리고 마음에 들지 않는 상황이나 감정을 외면하거나 합리화로 적당히 얼버무려 한쪽으로 치워버릴 수도 있다. 요동치지 않기를 간절히 바라는 마음으로 환경과 시간을 고수하고자 한다. 평온하고 괜찮았던 상태를 잊지 말고 기억하려는 노력은 일종의 방어다. 하지만 마음으로 바라는 대로, 생각하고 설계한 대로 상황은 유지되지 않는다. 더군다나 듣거나 배운 대로 되지 않는다. 상황도 그렇고 감정이나 생각이 일어나는 마음이 더 그렇다. 책에 이론으로 나열된 순서나 과정과 전혀 다른 모

　　　　　　　　경계의 감정 Sentiment of the Edge

양새이고, 경우에 따라 같은 것이 하나도 없다.

제 1단계. 감정 확인

뇌 과학에서 밝힌 바에 의하면 뇌는 시각과 감정의 지배를 받는다. 최근의 정밀하게 이루어지는 뇌 관련 실험과 연구는 공통적으로 감정이 인지능력에 지대한 영향을 준다는 점을 밝히고 있다. 정서를 담당하는 편도체가 기억을 다루는 해마와 전전두엽(충동, 판단, 공감 등의 역할), 대상회(감정조절, 학습평가, 동기부여 역할)와 연결되어 있다. 뿐만 아니라, 정서 관련 부위에서 이성 관련의 피질로 교류하는 정보가 3배 정도 많다[17]. 게다가 감정적인 정보를 참고한 이성적인 판단이 가장 합리적이라는 실험 결과도 보고되었다. 실험에서 편도체를 제거한 동물은 기본 생활은 정상적으로 하지만, 두려움이 없어서 위험을 느끼지 못해 천적이나 새로운 환경을 제대로 관찰하거나 자기를 보호할 줄 모른다. 실험환경에서 이 정도의 판단 오류를 발견할 수 있었지만 자연환경이라면 이들은 생존할 수 없을 것이다. 사람

---

[17] Meta-analysis of cue-reactivity in addiction research, Brian Carter, 1999, ADDICTION vol. 94, pp.327-340

도 편도체가 손상을 입으면 정상적인 의사결정이 어려워 상식
수준의 판단조차 못한다.

　적자(適子)는 자기의 감정을 정확하게 인지하는 사람이다. 감
정은 변연계 중심의 마음이라 한다. 감정 확인은 사실에 대한
자신의 감정을 확인해야 한다. 사실(event, episode)은 무슨 일이
있었던 것인지와 이를 어떻게 감지하였는지 감각을 정리하는
것이다.

　우선 자기 자신을 어떻게 이해하는지 아는 것이 필요하다.
자기를 표현하고 인지함에 있어 개방적이며 호의적인 자세인
지 대부분 방어적이며 선별적으로만 개방하려는지, 혹은 자기
자신을 알거나 이해하는 것이 그리 중요하거나 의미 있음을 인
정하고 싶지 않은지 여부를 파악해야 한다.

　대부분 감정의 지배를 받거나 예민한 영향을 받는 것을 인정
하기를 주저한다. 즉흥적이거나 생각이 부족한 사람으로 보일
까봐 조심스러워 한다. 계속 다루지만 감정은 이성이나 생각과
대치되는 것이 아니다. 뇌 과학에서 단계별로 부위별로 뇌의
역할과 기능을 설명하는 바에 따르면, 뇌 기능은 기계부품 같
이 단절된 한정적인 영역에만 머물지 않는다. 유기적인 역할과
기능이라는 점에서 감정은 아주 중요한 자료이며 영향이다. 아
울러 감정 확인에서 반드시 잊지 말아야 하는 과정은 부정적이

거나 긍정적인 시각인가 하는 점이다. 감정 자체의 평가와 판단을 부정적이나 긍정적으로 내리기보다 어떤 생각으로 감정이 느껴지는지를 정리하는 것이 우리 자신을 활성화하여 건강하고 행복하게 하는 실제적인 방법이다.

약혼자의 곤란한 상황을 알게 된 포샤는 피는 한 방울도 흘리지 말아야 한다는 평결로 샤일록을 무참하게 한다. 악명 높은 샤일록의 계약은 돈이 문제가 아니라, 야비하고 잔인한 계산과 의도 가득한 덫이다. 계약 조건을 들었을 때, 누구라도 두렵거나 분노할 게 분명하다. 사실 포샤는 약혼자의 상황을 해결할 수 있는 재력이 있다. 비상식적인 계약을 파기하고 최소한 돈을 상환하여 얼마든지 문제를 해결할 수 있다. 하지만 포샤는 흔들리는 감정으로 상황을 직시했다. 그리고 샤일록의 면모와 약혼자인 바사니오, 그의 신실한 친구 안토니오를 위해 훌륭한 판결로 샤일록의 논리적 허점을 찔렀다. 이 과정으로 포샤와 약혼자는 서로를 더욱 뚜렷하게 이해하고 사랑과 존경은 깊어졌다. 베니스의 상인은 문제 상황을 어떻게 받아들이고 사실을 확인하고 느끼며 생각하느냐로 삶의 내용이 달라지는 여부를 발견할 수 있는 내용이다.

감정과 생각이 서로 긴밀하고 역동적으로 영향을 주며, 인지를 더욱 구체화하고 확장하는 감정과 감정이 적절하고 지속적인 동기부여와 에너지가 되도록 하는 인지의 영향력은 중요한 메커니즘이다. 이 책에서 말하고자 하는 핵심이다.

우리의 감정은 외부로부터 오는 자극으로 인한 반응만이 아니다. 보고 싶은 것만 보고, 듣고 싶은 것만 듣고, 느끼고 싶은 것만 느낄 만큼 상당히 주도적이며 능동적이다.

*감정은 현재성, 현장성, 주관성으로
정직한 자기표현*

제 2단계. 사실 정리

우리가 분명히 기억하고 목격했다는 사실(fact)은 현장에서 취사선택한 일부의 재료가 우리의 논리로 편집되고 재편집되어 긴 시간 기억된 것일 가능성이 크다. 분명히 목도했다는 장담은 CCTV와 같이 객관적인 상황과 사건의 묘사가 아니라는 점을 간과하면 안 된다. 그래서 무엇을 기억하느냐는 것은 어떤 시각과 입장인지를 가늠 하도록 도와주는 단서일 수 있다. 편집된 사실의 단서라는 것은 중요한 사실(truth)이다.

무슨 일이 있었는지 사실을 정확하고 면밀하게 바라보아야 한다. 우리가 알고 있는 현실은 무한한 세계다. 하지만 우리가

  경계의 감정 Sentiment of the Edge

인지하고 감각할 수 있는 만큼만 존재한다. 우리의 감각 너머까지 현실세계로 포함하기 어렵다. 오감이 가능한 세계로 한정한 현실과 특별하게 오감을 자극한 이벤트나 에피소드를 중점적으로 말한다. 감정을 살피고 자기이해를 위해 사실을 정리하는 것은 어떠한 내용이라도 중요하다. 왜냐하면 사물과 상황을 어떻게 바라보고 인지하며 자각하며 인식하는지, 어떤 가치관과 신념을 견지하는지 풍부하게 다루며 정리할 수 있는지 사실을 정리하는 단계는 원론적으로 상관없는 일이 없다는 포괄적인 입장이어야 한다. 일차적인 관계에서 강압적인 사람이 2차적인 관계에서 신사적이며 온유할 수 있다. 하지만 그 태도와 생각이 아주 무관하지 않음은 사실을 정리하며 발견할 수 있다. 철저한 가면을 사용하는 특별한 경우를 제외하고 일상적인 사실을 표현하고 묘사하는 언어적 표현의 일관성은 사람들의 중의적인 태도와 생각조차 반영한다.

사실 정리는 기본적인 시각과 입장을 이해하는데 큰 도움이 된다. 무엇보다 감정 자체가 문제라기보다 그 감정이 일어날 수밖에 없는 이유와 내용을 개인의 시각과 가치관으로 이해하고 판단하는 근거를 알 수 있으며 그 기준의 합리적인 적용을 점검할 수 있다. 중요한 것은 단지 감정 촉발이 아니다. 어떤 시각(perception)인지를 정확하게 알 수 있는 단서이며 재료로 인정하고 활용해야 한다. 감정을 살피며 자기를 챙기는 것은 이벤트나 에피소드가 제 아무리 큰 사건이어도 상황과 현상에 지나지 않는다는 입장으로 어떻게 인지하고 받아들이는지의 여부를 정리할 수 있다는 점에서 중요하다.

평소에 자신이 없고 소심하다고 스스로를 표현하는 회사의 임원은 사실 바라는 바를 제대로 이루고 싶은 욕구가 강렬한 계산적인 사람일 수도 있다. 생각하고 바라는 만큼을 이루지 못하고 좌절해 왔다는 생각으로 자신은 소심하고 결정적인 순간을 놓친 기억으로 자신감과 패기의 젊은이들을 부러워한다. 하지만 자신의 생활과 현실에서의 다양한 상황들을 표현하는 과정으로 그의 장악 욕구, 바라는 만큼 주어지지 않는 권한으로 좌절하며 분노하는 아픔, 맘껏 휘두르지 못한 권력 대신 보장받은 수입에 집착하다 못해 서슴없이 행하는 공격 등의 실제 모습들을 발견할 수 있다. 그는 자신은 빌 게이츠나 워렌 버핏과 같이 될 수 없다는 패배감으로 부끄럽고 한탄스러워 할 뿐 주변 어디에도 장악하며 주도권을 쥐는 식의 태도와 거리가 있다고 장담했다. 하지만 다양한 상황에서 자신이 생각하는 에피소드의 구도와 이벤트를 거듭 평가하며 묘사하는 과정으로 다른 사람에게 관대하지 못할 뿐만 아니라, 자신의 능력을 부정하고 있었다는 사실을 발견했다. 그는 정확하게 욕구를 충족하는 것은 아니지만 자신을 인정하며 타협했다고 생각했던 사실들에서 늘 화가 나 있으며, 자신의 의견을 따르지 않는 조직의 구성원들을 비합리적으로 비난하고 공격했다는 사실을 발견했다.

　성폭행의 위기에서 몸싸움으로 자기를 지킨 딸이 트라우마에 빠지지 않도록 도와달라는 요청을 하자 모친이 상담을 의뢰했다. 하지만 대화하면서 발견한 것은 위험한 순간에도 격렬하게 자신을 지켰건만 자신을 그리 기특하다고 인정하지 않는 엄마에 대한 서운함이었다. 대화가 거듭되자 아이는 늘 스스로를 책임지고 지켜야만 했던 성장 과정에서 축적된 외로움과 분노를 발견했다. 현명한 아이는 자신이 Debate에 유능한 것조차 어려서부터 스스로를 지키는 습관으로 상황을 살피고 주위를 인식한다는 것을 깨달았다. 아이는 생각과 마음을 잘 정리하고 회복했다. 모친과 마무리하는 자리에서의 일이다. 그녀는 딸아이를 낳으면서 경험했던 집안의 냉대와 유난히 딸을 편애하는 남편까지 못마땅한 불만이 가득했다. 차라리 성폭행을 당하거나 치명적인 상해를 입었다면 "여자다울 텐데... 아이는 너무 지악스럽다"는 표현을 했다. 그녀는 딸이 그렇게 보였던 것이고 어린 딸은 정확한 내용을 알 수는 없으나 어머니의 차가운 시선을 늘 느꼈던 것이다. 그들의 고통은 미수에 그친 사건으로 확연하게 드러날 수 있었지만, 그것 자체가 모든 문제의 발단은 아니었다. 뿐만 아니라 그 사건으로 트라우마가 생긴 것이 아니라, 깊은 골이 될 뻔한 어려움이 해결되는 계기가 되었다.

　이성친구와의 교제를 반대하는 부모님에게 거센 반항을 하며 통제 불능의 행동을 일삼자 당황한 부모는 아이를 상담가에게 보냈다. 상담이 진행되며 이성교제에 지나치게 몰입하는 것을 염려하는 상담교사 앞에서 아이는 책상위의 가위로 자해를 했다. 놀란 나머지 교사는 어찌 하지 못하고 학교가 발칵 뒤집어지는 상황이 벌어졌다. 청소년의 자살과 자살시도는 심각한 수위이며 어떻게든 자살시도를 막아야 한다는 중압감으로 상담교사는 순간적으로 힘겨운 선택을 했다. 사고 자체는 다행히 더 크게 확산되지 않았다. 하지만 여전히 아이는 이성에게 빠져 판단과 행동이 통제 불능이라는 결론을 모두 내린 상태였다. 자살시도의 위험으로 한시도 눈을 뗄 수 없었던 아이의 가족들은 아이를 돌보기 위해 온 가족이 동원되었다. 이런 와중에 아이의 이모가 우연찮게 아이의 통화 내용을 들으니, 여자 친구가 페이스 북에서 아주 심한 괴롭힘을 당하고 있으며 그런 이유로 여자 친구의 정신 상태가 피폐해져서 조카가 나름대로 돌봐주느라 애쓰는 상황을 알게 되었다. 조카의 전화 통화 후에 이모는 차분하게 아이와 대화하며 여자 친구를 이성으로 좋아하는 것도 사실이지만, 페이스 북에서의 괴롭힘과 다른 사람들의 패드립, 욕설 등을 그냥 넘겨버리지 못하는 여자 친구를 애처롭게 생각하여 위로하고 함께 있어주려는 마음이 크다는 사실을 알게 되었다. 이모는 조카의 여자 친구가 겪고 있는 상황은 아주 어려운 일이니 차라리 다른 기관의 도움을 받는 것이 더 유익할 것이라는 말을 하며 조카의 마음을 달래주었다. 이러한 과정을 통해 정리된 상황의 요지는 조카는 이성친구와의 교제에 집중하였다기보다 괴롭힘으로 고통스러워하는 사람을 버려둘 수 없다는 양심적인 생각, 애처로움, 다른 사람들이 관심도 두지 않는 이러한 상황에 대한 분노, 제대로 알지도 못하면서 자기의 주변을 간섭하는 어른들의 무관심 등에 분노를 느끼기도 하고 절망스러워 하고 있다는 사실이다. 아이의 이모는 아이의 이야기를 들으며 지금까지 요지를 잘못 파악했음을 직감했다. 그리고 그런 이모의 의견과 태도로 아이는 마음의 상처와 어려움을 함께 해결하게 되었다.

누구의 잘못이 아니라 우리는 서로 다르기 때문에 무엇을 바라보고, 무엇을 찾으며, 무엇을 잡느냐의 선택과 결정의 내용이 같지 않다. 모든 사람이 신 김치를 좋아하거나 싫어하지 않기 때문에 세상을 풍부하고 자연스럽게 살 수 있다. 같지 않아서 문제 될 일은 없고, 다르기 때문에 무조건 좋은 것도 아니다. 자기개념에 의한 자기이해를 한다고 했을 때, 이러한 평가로부터 자유로울 수 있는 힘이 필요하다. 모든 사람의 환영과 인정을 받지 못한다고 해서 잘못되었거나 자신이 평가절하 되었다는 식의 자기비난은 온당하지 않다. 자신을 제대로 아는 것은 자기 자신만은 아니다. 그렇다고 남이 자신을 더 잘 알거나 정확한 것은 더군다나 아니다. 오히려 내 자신을 어떻게 알고 있는지와 다른 사람이 나를 어찌 바라보는지의 내용을 서로 고려하며 정리해서 그대로 받아들이고 인정하는 것이 좋은 방법이라고 할 수 있다.

사건이 벌어진 상황을 관찰하는 두 사람의 시선은 같은 사건을 보고 있지만 시선이 머무는 지점은 다르다. 같은 지점에 머물러도 보는 내용이 다르다. 같이 경험하고 관찰했어도 사람이 다르면 그 상황을 묘사할 때, 각기 다른 표현을 찾아낼 수 있다. 서로 다른 묘사이기에 설명하고 의견이나 바람까지 다루면 아주 색다른 이야기가 된다. 단순하고 작은 하나의 상황에서 비롯한 풍부한 이야기는 이렇게 가능해진다. 누구도 거짓말을 하는 것은 아니지만, 서로 다른 시각과 생각, 감정이 전혀 같지 않은 이야기로 이어진다.

모든 것이 다르기에 사실을 정리하는 것은 다양한 상황과 여건을 가능한 풍부하게 축적하는 것이 필요하다. 그래야 시각과 방향을 정리하는 작업의 정확도가 높아진다. 정확도가 높으면 그 사실의 시각인 가치관, 신념, 인지와 감정 그리고 반응으로 나타나는 행동이나 욕구 등을 설명하고 이해하기 수월하며 그 럴수록 일관된 맥락의 변화를 추출할 가능성이 크다.

사실 확인이 중요한 이유 중의 또 다른 하나는 본질에 관련한 이론과 원론적인 이해를 현실적으로 적용하는 계기이기 때문이다. 나타나지 않는 고도를 기다리는 주인공들의 애끓는 마음을 모르는 바가 아니지만 결국 나타나지 않는 고도를 남겨둔 채 연극의 막은 내려진다. 고도를 기대하지 않는 것도 아니다. 그럼에도 끝까지 나타나지 않은 고도를 내세운 연극이 사기라고 비난하거나 공격하지 않는다. 막이 내릴 때까지 나타나지 않는 고도를 급기야 각 개인의 마음을 들여다보며 자신과 자신의 신으로 받아들이는 것은 사실의 현실이해를 열망하는 우리들의 속성을 함축한다[18]. 논리와 사실의 간격에 정형화된 정답만을 강요하지 말아야 하는 이유다.

더 중요한 것은 정답이 아닌 무수히 많은 답이 있다고 그 답

---

[18] 샘 고슬링(텍사스대)

이 어떤 과정과 논리의 귀결인지를 지나치거나 점검하지 않아
도 되는 것은 아니다. 우리의 잃어버린 순간은 바로 이 지점의
각 개인의 독특한 특질이다. 같지 않아도 되는 것과 같은 것이
뒤죽박죽 섞여 있기도 하다. 사실을 통해 우리가 서로의 같음
을 믿고 같지 않음을 존중하는 계기를 만들어야 한다. 이것이
대화의 목적이고 서로 자기를 표현하는 이유다.

　책과 이론으로 배운 인생과 인간관계, 성공적인 일의 성취
등은 그나마 구도나 설계대로 되는 것이 있는가 하면, 전혀 생
소한 상황과 암초를 만나고 의도하지 않은 국면에서 방향을 잃
는 경우가 대부분이다. 삶이 뒤죽박죽 이라는 하소연은 정돈되
지 않아서라기보다 이론대로 되지 않는 순간 잘못 적용한 탓을
하며 당황한 경우다.

제 3단계. 오감 확인

　살아가는 현실을 생동감 있게 경험하고 느끼는 것은 우리의
감각이다. 감각이 중요한 것은 존재하고 있는 세상을 현실적으
로 구획할 수 있는 기준이 되기 때문이다. 지동설을 인정하기
전까지 사람들이 알고 있던 세상으로 설명할 수 있겠다.

　특히 우리의 오감이 경험하고 확인하는 현실은 아주 생생하
기에 의미 있다. 듣고 보고 말하고 냄새와 만질 수 있는 것으로

우리의 존재를 보다 확연하게 느끼고 나타낼 수 있으며 증명하기도 한다. 어떤 사람은 유난히 시력이 예민하고 청력이 예민한 사람도 있다. 후각이 발달한 사람이 있고 미각이 뛰어난 사람, 촉각이 예리한 사람도 있다.

시각이 예민하다는 것은 시력이 좋은 것만을 말하는 것은 아니다. 눈썰미가 있어서 관찰이 뛰어나고 보이는 것으로 보이지 않는 내용이나 추이를 가늠할 수 있을 만큼 집중하는 것도 말한다. 예민한 감각이 늘 도움이 되거나 좋다고 할 수 없는 이유는 뛰어난 능력이 발휘하는 다양한 영역으로의 확장과 접목과 함께 피로도가 심하다는 점도 간과할 수 없다. 청각이 예리한 음악가는 다른 사람이 지적하지 않는 불협화음을 발견할 정도의 역량이 있지만 그것이 그리 편하고 자연스럽게 들리지 않는다는 말이기도 하다.

말의 눈은 긴 두상에 튀어나와 있고 안구가 포유류 중에서 가장 크며 눈꺼풀이 눈동자를 거의 덮지 않는 것을 알 수 있다. 말은 대략 280도에서 330도의 시야각으로 안 보이는 영역은 30도에 불과하다. 토끼는 356도를 볼 수 있어서 겨우 10도 정도만 보지 못한다. 평소에 겁이 많고 주변에 민첩하게 반응할 수 있는 시력이다. 오랜만에 집으로 돌아오던 로체스터는 안개 속을 서성이던 제인 에어 때문에 놀란 말에서 떨어지며 제인을 처음 마주한다. 브론테의 이러한 묘사는 말의 속성을 아주 잘 관찰한 묘사다. 실제로 달리는 말이 무언가를 보고 놀라면 가던 방향을 바꿀 겨를도 없이 갑자기 방향을 돌이킨다. 말은 자기의 안전을 위해 급작스럽게 방향을 바꾸지만 미처 따르지 못한 사람은 말에서 떨어지는 사고가 생긴다. 좋은 시력을 가지고 있는 동물은 이 외에도 많다. 사람은 이에 비하면 아주 좁은 시야와 나쁜 시력이지만 대신 원근감과 입체감과 색상을 볼 수 있어서 사물을 아주 정확하고 정밀하게 파악할 수 있다.

또 말의 귀를 보면 원통형의 나팔 모양을 하고 두상의 위에 자리하고 있는데 경이롭게 움직이며 주변의 소리를 듣는 것을 관찰할 수 있다. 마치 조이셔틀 같이 자유자재로 눕기도 하고 돌아가며 양쪽 귀가 각각 소리를 듣기 위해 움직여 입체적인 소리를 듣는다. 그래서 말은 소리 나는 쪽으로 고개를 돌리지 않고도 4km 반경 내의 소리를 감지한다. 워낙 청력이 뛰어나서 귀로 볼 것을 찾는다고 표현할 정도다. 예민한 시각과 청각의 말은 섬세하게 교감하기를 좋아한다. 어깨 높이가 보통 150cm를 넘는 꽤 큰 몸집이지만 말은 감정기복이 심한 예민한 동물이다. 기분 좋게 마방을 나섰다가도 갑자기 뒷발길질 을 치며 전진하기를 거부하거나 흥분을 가라앉히지 않아 기수를 낙마시키기도 한다. 뛰어난 시력과 청력이 말들을 예민하게 한다. 한편 겁이 많고 사랑받는 것을 좋아해서 마음으로 교감하는 것이 섬세하다. 이런 이유로 자폐나 발달장애아의 재활작업

 경계의 감정 Sentiment of the Edge

으로 승마가 효과적인 것으로 여겨진다. 재활승마를 진행하며 경험할 수 있는 것은 말이 섬세하게 장애우와 협력하고 의지하는 점이다. 말의 예민한 시력과 청력은 기승자(騎乘者)와 교감하는 데에 아주 중요한 매개가 된다.

감각은 생각과 감정을 구체적으로 이해하고 파악할 수 있는 자료다. 옛날부터 예술가들이 예민하고 괴팍하다는 고정관념은 예리한 관찰력과 감각능력과 일맥상통한다고 할 수 있다. 외롭거나 힘들 때 따뜻한 음식이 위로와 평안을 주고, 식욕과 성욕이 왕성하면 생존욕구가 강렬하다는 식의 연관성은 아주 허무맹랑한 억지가 아니다. 감각이 활성화되었는데 우울과 무기력에서 벗어나지 못하는 경우는 드물다. 그래서 우울감이 느껴지기 전에 땀을 흘리며 운동하거나 좋아하는 취미 생활을 즐기라는 조언이 효과적인 예방책이기도 한 것이다.

뇌 과학에서 중요한 영역인 뇌의 가소성(plasticity)과 활성화(activation)는 오감과 관련이 깊다. 간뇌의 시상(thalamus)은 시상신경핵으로 구성되어 감각과 운동, 의식작용에 관련한다. 감각기관과 뇌의 인식 관련한 실험과 연구는 지속적으로 진행되고 있다. 연구가 정밀하게 거듭될수록 뇌와 감각기관의 상관관계는 광범위하게 밝혀질 것이다. 인공지능의 기본적인 원천이 감각에 관련한 빅 데이터일 것이다. 대략적인 성격의 특질 구분과 범주도 감각기관의 우선순위와 활성화 범위와 어느 정도 관련이 있다. 모든 사물과 상황을 최초에 파악하고 접근하는데 촉각을 선호하고 활용하는 사람이 있고, 후각을 이용해서 상황판단까지 유추하는 사람도 있다. 무엇이든 손으로 만져보고 혀에 대어보며 알아내는 경우도 있다. 이들의 사물과 상황을 파악하는 예민함이 오감에 집중되어 있기 때문이다. 마들렌의 추억을 묘사한 프루스트가 비염이나 축농증으로 냄새를 잘 맡지 못하는 사람에게는 색다른 절망을 안겨줄 수 있다. 후각이 예민하지 못한 경우 미각도 영향 받는다. 그렇다고 미각만으로 음식을 즐기는 것이 아니어서 식감으로도 충분히 느낄 수 있다.

　빛과 색에 치중했던 모든 인상파 화가들은 시각이 발달한 사람들이다. 그러기 때문에 그들은 새로운 화풍을 실험적으로 만들어낼 수 있을 만큼의 사고력과 풍부한 감성으로 작품 활동을 할 수 있었다. 인상파 화풍의 작품을 보고 있노라면 자연스러운 표현이 세밀하지 않은 듯 정확하다는 사실에 경탄하게 된다. 인상파의 용기는 보이는 대로 표현하고 싶은 그들의 열망 덕분에 이어진 정직함에서 비롯되었다. 그들의 시각이 윤리적이며 철학적인 덕목이었음을 인정해야 한다. 그들은 객기어린 실험의식만으로 인상적인 그림을 그렸던 것이 아니다. 눈에 보이는 대로 머리에 잡히는 대로 마음에 느껴지는 대로 표현하고 나타내는 것이 그림이라는 사실을 옹호했던 것이며, 자신들의 작품으로 표현하고 확증했던 것이다.

이처럼 감각은 습관대로 넘길 수 있는 일상을 새삼스럽게 파악하고 관찰하며 그 속에서 비범한 가치를 발견하도록 하는 힘이 있다. 어제의 해와 오늘의 해가 같고, 내일도 같은 해가 뜨고 지겠지만, 오늘이 전혀 새로운 하루임을 가슴 벅차게 느낄 수 있는 것은 우리가 감각에 집중하며 감각을 인정할 때 일어나는 변화다. 같은 하루이지만 오늘은 다르게 살 수 있는 가능성과 달리 살아낼 수 있는 당위성은 감각이 관찰하는 사물이 또한 말해주고 있다. 어제와 마찬가지로 오늘도 여기에 이렇게 존재하지만, 오늘은 전혀 다른 조건에 놓인 생소한 하루임을 나타낸다. 감각은 철저하게 현재성이다.

감각은 직선적으로 느끼고 이해하는 것이 중요하다. 자극을 받았거나 자극이 느껴졌을 때, 사실 자체로 받아들이거나 인정하지 못하면서 염증이 생기거나 큰 병으로 악화될 수 있다. 감각은 정직하고 담백한 내용과 강도로 활성화되는 것이 중요하다. 아프거나 고통스러운 것을 그렇다고 인정한다고 괴로움의 해결이 치욕스러운 과정은 아니다. 오히려 현상을 미루지 않고 직면하여 접근한다는 점이 중요하다. 그럼에도 아픔이나 고통이라는 감각을 아프지 않다거나 고통스럽지 않다는 식으로 무마하기 시작하면 많은 사실들이 왜곡된다. 담백한 문제해결은 점점 어려워진다. 이러한 면에서 감각은 우리의 삶을 정직하고 지혜롭도록 지원하는 단서다.

감정이 거짓일리 없는 이유는 감각이 제대로 알려주는 자극과 그 자극을 평가한 반응의 회로 때문이다. 유난히 아프게 느껴지는 이유는 그것을 아프게 느낄 수밖에 없는 내 자신의 이유가 있다. 이렇기에 감각은 아주 개인적인 영역이며, 감정도 개인적인 영역이다. 감각은 감정이 정밀하도록 지원하는 다양한 기초자료이며 단서이고, 감정은 사실에 입각한 정직한 자기인식을 가능하게 하는 자기표현이다.

신선한 시각으로 삶을 창출할 수 있는 중요한 준비과정은 감각의 예민한 활성화에서 시작된다. 비록 굳은살이 생겨 덜 고통스럽게 느껴도, 손끝 감각은 매순간 새롭고 신선한 자극이어야 한다. 그렇게 현재를 관찰하며 살아간다면 삶의 만족도와 밀도는 당연히 높다. 여기에서 잊지 말아야 하는 것이 우리의 몸이 곧 마음이기도 하다는 점이다. 몸과 마음이 분리된 감각이 있을 수 없듯 몸이 느끼는 것과 마음이 느끼는 것이 반목하거나 상대적으로 어느 하나만을 가볍게 여길 수 없다.

제 4단계. 생각 정리

생각하는 동물인 사람이기에 이성과 합리는 함께 인간으로서의 가치를 제대로 드러내지만 감정은 때론 비합리적이고 불합리한 역동이라는 분리를 당연하게 받아들이는 습성이다. 이성과 감성, 형이상학과 형이하학, 정신과 육체, 승패, 상하, 갑을, 긍정과 부정, 선악 등 구분하고 나뉘는 관습은 흑백논리를 낳을 뿐이다. 감정이 비합리적인 것이 아니라, 감정과 생각을 구분하고 다르게 규명하는 것이 비합리적이다. 생각은 사람이 합리적 존재이기 때문에 할 수 있는 사고의 과정이다. 모든 생물과 마찬가지로 사람도 살아내는 지향점이기에 생각은 어떤 상황과 여건에서도 자신이 살아내려는 욕구와 판단을 반영하고 함축한다. 어떤 사람의 생각은 비열하고 누군가는 궁색하지만 무슨 생각이 보다 나은지 단정하기 어렵다는 것을 알아가며 '살아남는 것이 강하다'는 논리에 닿게 된다.

생각은 잘 해야 한다. 잘 하는 생각이란 자기 자신을 이해하고 자기의 현실을 사실적으로 파악하여 자기의 오감에 충실한 자기만의 논리와 가치관을 반영한 생각을 말한다. 생각은 이와 같은 구조와 과정으로 구체화되고 논리적으로 확장되는데 가끔은 자기 내면의 바람을 살피지 않고 사고의 과정을 인위적인 조건에 맞출 때가 생길 수 있다. 이러한 경우는 생각을 잘못 했다고 말할 수 있다. 잘못 생각한다는 것은 사회의 공통선과 반목하거나 통념에서 벗어나 자기의 논리에만 갇힐 경우만을 말하는 것이 아니다. 자기 스스로 무엇을 바라는지, 어떤 방향을 원하는지, 무슨 필요가 있는지, 자기 자신의 목소리에 귀 기울이지 않고 다른 사람들을 좇아가는 필요를 충족하려는 시도일 때도 말한다. 자신이 진심으로 바라는 것이 무엇인지 모르고 겉으로 드러나는 것만을 충족하려는 계획과 실행을 위해 사고하는 것은 생각이라고 할 수 없다. 일종의 모의에 불과한 겉치레에 그친다. 생각은 자기 자신의 삶의 방향과 목표, 가치관, 신념과 논리적으로 부합된 선택과 결정을 위한 순간순간의 조율 과정이라고 하겠다.

생각을 정리하기 위한 이야기에서 빠질 수 없는 부분은 어떤 신념과 가치관을 견지하는지 돌아보는 관점으로 자기를 살피는 것이다. 누구나 우선적으로 중요하게 챙기고 따지며 보유하고 싶은 것이 있지만 그 내용이 절대로 다른 사람과 동일할 수 없다. 유사할 수는 있어도 무슨 이유로 중요하게 여기는지 어떻게 의미와 가치를 추구하며 유지하고 싶은지를 따지다

보면 하나도 같지 않은 논리의 내용을 인정하게 된다. 그리고 그런 생각은 어떤 연유로 자리 잡았으며 어느 순간에 부합되는 만족을 느끼는지 정리한다면 또 다양한 생각을 알 수 있다. 우리는 유사하기는 해도 너무 다른 사람들이다. 의미와 가치만으로도 동일한 사람을 본 적이 없다. 오늘 이 시점에 여기에 있기까지 내 자신을 이끌어준 원동력과 같은 좌우명을 집단 활동을 하며 3년 동안 1000명이 넘는 사람이 표현하도록 하여 정리한 적이 있다. 놀라운 것은 같은 내용을 만나기도 드물었고, 같은 내용이어도 그 내용이 어떤 의미로 어떤 동기부여가 되는지에 관련해서 각 1000여 개의 내용이 있었다. 처음부터 범주를 정해주고 유형별로 표현하도록 했다면 이와 같은 결론을 경험할 수 없었을 것이다. 결과를 정리하기 힘들어서 자료로 가공하려면 많은 노력이 필요해도 참여자들의 개방적인 의사표현이 가능하도록 진행했더니, 사람들의 개성만큼 다양하고 풍부한 삶의 의미와 가치, 신념 등을 얻을 수 있었다. 아직도 이 내용을 정리하고 있어서 언제쯤 완성될지 모르지만 각 개인의 특별함을 존중하는 것이 무엇인지에 대한 확신은 정확하게 정리되었다. 구조화된 범주와 유형으로 진행하는 편리한 접근은 통계와 수치로 말하기는 쉬워도 개인의 존재를 제대로 반영한 이해와 거리는 확연하다. 그렇다면 조사와 연구, 결과는 연구자의 설계와 의도에 적합한 근사치를 얻을 수는 있을지 몰라도 정직한

개인의 특질은 배제된 잔치에 불과하다는 냉엄한 현실 인식이
뚜렷해졌다.

　생각을 잘 하려면 사람을 어떻게 바라보는지를 정리하는 것
이 필요하다. 문제가 있는 사람으로 치료와 회복이 필요한지,
제각각 잘 살려고 다양한 시도를 하는 존재로 인지하는 여부에
따라 생각의 흐름은 달라진다. 사람이 갈피를 잡지 못하고 헤
매는 존재라고 여겨지면 보다 좋은 조건과 환경, 여건 등을 구
비하고 제공하는 것이 중요할 터이며, 그러한 주변을 조성하거
나 찾아다니느라 분주할 것이다. 보다 나은 환경을 알게 되는
순간 그곳으로 이동하거나 현재의 주변을 그렇게 변화시키던
가 하는 접근이 만족도를 높여줄 것이다.

　또한 현실적으로 일어날 수 있는 다양한 갈등과 문제들이 너
무 피곤하고 불편하다는 하소연을 어떻게 인지하는지도 중요
하게 확인해야 한다. 다양한 사람들과 함께 사는 삶이라 유사
하거나 통한다고 느껴지는 사람에게 필요 이상의 동질성을 요
구할 수도 있다. 어쩌다 알게 된 다른 사람의 면모가 매력적인
이유는 다양하겠지만 호감이 가는 것은 사실일 것이다. 호감을
느끼고 아무 문제없다고 자신하지만 어느새 서로 다른 점을 발
견하고 다른 이유로 부딪히다 커다란 갈등을 경험하면서 대부
분의 사람들은 스트레스를 크게 받는다. 그래서 갈등이론이나

스트레스를 다스리도록 돕는 다양한 문제해결이론들은 다를 수밖에 없는 서로의 차이를 어떻게 좁히거나 해결할 것인지에 주목하며 교육시킨다. 애초에 유사하거나 궁합이 맞을 만한 사람으로 구성하거나, 서로 다른 사람끼리 목표나 계획을 공유함으로 갈등의 폭을 좁히거나, 사회성이 유난히 필요하거나 개인이 얼마든지 할 수 있는 영역을 뚜렷하고 효과적으로 구분하여 관리하도록 하는 등 다양한 방법과 시도가 제시된다.

갈등 자체의 압력이나 고통은 어느 정도 이겨낼 수 있는 사람들이 대부분이다. 그리고 대부분의 사람들은 갈등이 전혀 없을 수 없다는 사실을 인정한다. 자신의 환경에서 오점 하나 없기를 바라는 사람은 극소수다. 대부분의 사람들은 현실을 제대로 바라보고 받아들이고 대처한다. 정말 어렵고 힘든 부분은 갈등이 야기되는 상황에서 서로를 경멸하는 것이다. 서로를 경멸하지 않는다면 아무리 큰 갈등이라도 소통하면서 서로 확장된다. 그리고 편한 마음은 아니라도 그렇게 확장된 현실을 적응하며 갈등이 서로에게 기회였음을 인정할 수 있다.

그런데 갈등이라기에는 겸연쩍은 상황이 걷잡을 수 없는 상처를 남기고 어려움으로 확대되기도 한다. 그런 경우의 공통점은 서로를 경멸하고 어느 한 쪽이라도 합리적인 생각을 하지 않으려 하는 경우다. 격언에 '손바닥도 마주 쳐야 소리가 난다'

는 말이 함축하는 책임감이 정확하다. 갈등이 심각한 내홍과 분리로 내달을 때는 서로 경멸하기 때문이다. 갈등은 현상적인 문제가 아니라, 선별적으로 존중하려는 존재 양식의 시각이 상황으로 불거지는 것이다. 갈등에 도움이 되는 공감이 존재에 대한 무조건적인 인정과 존중이라는 앞에서의 내용과 상통한다. 갈등을 해결하고 거듭하지 않으려면 생각을 정리하며 가치관과 신념, 논리를 점검해야 한다. 어떤 면에서 선별적인지 자신의 특성을 이해하고 인정한다면 적절한 타협과 협상이 가능하기 때문이다.

생각을 정리해야 하는 이유 중의 또 하나는 서로 다른 사람들과 다른 세대, 다른 문화와 공존하는 우리 삶이 견뎌야 하는 거리감과 차이로 인한 어려움을 경감하기 위해서다. 당신과 내가 무엇이 다른지를 보면 사실을 중심으로 접근하기보다 의견과 설명을 거듭하며 분석적인 입장만 고집하는 경우를 경험한다. 이러한 접근은 서로 대등하지 않았을 때 어느 한 쪽의 수긍과 수용으로 가능해질 수 있는 해법에 도달하기는 한다. 하지만 모든 사람이 나름대로 특별하다는 것을 인정하는 인격적인 입장에서 말하자면 훨씬 훌륭한 해결이 된다. 서로 다르게 느껴지는 거리와 차이점은 오히려 설명하기보다 상황이나 사실을 담백하게 묘사하는 것이 좋다. 의견이나 해석이 없힌 복잡

 경계의 감정 Sentiment of the Edge

한 이야기가 아니라, 사실의 단서만을 묘사하여 최소한의 필요
를 충족할 개발에만 집중하도록 가볍게 접근하는 것이 좋은 방
법이다. 생각은 무조건 많이 깊이 하는 것이 좋다고 하기 어렵
다. 경우에 따라 선택하며 효율적이고 효과적으로 하되 가장
중요한 자기 자신의 가치관과 신념, 삶의 의미와 욕구와 반하
지 않도록 예민하게 살피는 것이 중요하다.

생각의 힘은 자기 자신을 살린다.
자기 자신을 잃지 않는다.

제 5단계. 행동 확인

감정을 살피고 자기 자신의 생각까지 정리하고 실제로 어떤
행동을 선호하거나 행했는지 자기 스스로 확인하는 것은 중요
하다. 사실 감정이 왜 문제가 된다고 지탄을 받거나 위험요소
와 같이 냉대를 받는지 따져보면 눈에 보이지도 않는 각 개인
이 느끼는 감정에 머물지 않는 행동의 반경과 여파 때문이다.
화가 치밀어 사람을 공격하고, 우울하고 슬퍼서 스스로를 괴롭
히고, 재미있어서 옆의 사람이 거부해도 아랑곳하지 않고 지
속적으로 괴롭히다 결국 사단이 나기도 하고, 너무나 사랑해
서 집착으로 고통스러운 스토킹을 저지르는 일들을 정리해보

면 의도하는 것이나 계획적이지 않았어도 감정이 촉발된 행동이었음을 알 수 있다.

행동은 어떤 자극으로 느꼈는지를 여과 없이 표현하는 일종의 반응이며, 무슨 생각이었는지를 나타내는 메시지이기도 하다. 어떤 감정인지를 제대로 표현할 수도 있다. 어떤 가치관과 신념에 사로잡힌 삶인지를 드러낼 수 있는 방법이기도 하다. 아쉽게도 행동은 몇 개의 반사행동을 제외하고는 자동적으로 이루어지지 않는다. 조작적인 면에서 원하는 만큼의 세밀한 효과가 제대로 반영되지 않을 수는 있어도, 특별한 병리적인 이유가 아닌 이상 움직임의 계기는 자의식에 있다.

하지만 자신의 행동을 확인하는 것은 쉽지 않다. 생각을 많이 하는 사람은 하려는 행동을 수도 없이 생각하다보면 실제 행동과 반복한 생각에서의 모의(模擬) 행동이 혼돈스러워 어느 것이 실제인지 정확하지 않을 수 있다. 뿐만 아니라 겉으로 표출된 행태가 어떤 크기와 모양새였는지를 본인은 정확하게 알기 어렵다. 그렇다고 주변에 있는 남들은 제대로 알 것이라고 기대하지 말아야 한다. 그들도 자신의 습관적인 판단에 젖어 있어서 크거나 작다는 식의 평가가 자신의 경험에 머물 뿐이어서 객관적인 내용으로 파악하는 것은 본래 불가능하다.

이런 점에서 행동도 감정과 같이 현재와 현장의 사실이 중요하다. 행동이 이루어지는 현장에서의 의미전달이 서로의 인식

　경계의 감정 Sentiment of the Edge

과 감정에 영향을 주는 것이고 그렇게 교류하며 공감하기 때문이다. 이론적으로는 슬플 때 주로 무슨 행동을 하며 즐겁고 기쁠 때 어떤 행동을 즐기는지와 같은 관찰과 정리가 필요하다. 하지만 자기의 행동을 기록하며 정리하는 것이 쉽지 않다. 오히려 특별한 감정이 느껴지고, 특이한 상황에서 반드시 하거나 하고 싶어 하는 행동이 있는지 파악하고 알아보는 게 좋다. 평소에 자수를 놓으며 수작업을 하며 지내는 아주머니는 누가 보더라도 큰 소리 낼 일은 전혀 없을 것 같아 보인다. 아들이 꽤나 거칠어도 의외로 차분하게 대화하는 것을 보고 평정심이 대단하다고 느꼈다. 화가 나면 특별히 하는 행동 없이 산책을 하거나 수를 놓는다니 속으로 너무 참는 것은 아닌지 잠시 염려스럽기는 했지만 워낙 한결같은 모습이어서 다른 사람보다 스트레스를 덜 느낀다고 생각했다. 어느 날 평소와 같이 말문을 열기 시작한 그녀는 아무렇지도 않게 어제 신경질 나고 답답한 일이 있어서 싱크대에 접시와 대접을 던져 넣고 식칼로 깨뜨렸다고 했다.

　행동을 습관적으로 하는 경우 자기 자신에게는 특별나지 않다고 느낄 수 있다. 혹은 다른 사람들도 그렇다고 믿고 있을 수 있다. 우리들이 하는 행동이 얼마만큼 정상 범주 내에서 안전 여부의 판단과 평가는 어렵지 않지만, 그렇다고 아주 간단한 것도 아니다. 겉으로 드러난 행동이 전부가 아니라는 것을 알기 때문이다. 그리고 누군가는 한참을 기다려 가득 찼을 때 행동하는가 하면 누군가는 마중물이 들어오기도 전에 손발이 나가기도 한다. 때론 행동이 우선적으로 드러나는 사람이 있는가 하면 말이 먼저 나서는 사람, 머리와 가슴으로 충분히 알고 제대로 많이 느끼고 있는데 돌부처 마냥 꼼짝도 않고 움직임이 없는 사람도 있다. 행동을 관찰하고 교정한다고 하면서 무슨 생각을 하는지, 얼마만큼 자신에게 집중했는지, 어떤 감정을 느끼는지 등의 내용을 파악하거나 점검하지 않는다면 변화의 시도는 헛걸음이 될 가능성이 크다. 행동은 실수의 가능성이 늘 있고 온전히 의식하지 못할 뿐이지, 생각과 감정이 촉발되어야만 비로소 움직여지기 때문이다.

IV

감정의 본질

: 상하게만 하지 마라

Ⅳ.

행복은 우리에게 늘 중요한 화두다. 삶의 질과 행복은 절대적으로 주관적이어서, 개개인이 주목하며 추구한다. 할 수 있는 한 삶의 질을 유지하고 높이려 노력하고 열광하며 행복의 보장을 기대한다. 보다 많은 소유, 더 강한 힘 등 상대적으로 보다 나은 지위와 안전을 확보하고자 애쓴다.

아울러 다른 사람의 인정과 관심을 바란다. 다른 사람의 인정이야말로 객관적 확증이 되기 때문이다. 주관적인 만족과 행복이 객관적으로 증명되면 명실상부하게 행복한 거다. 그러기에 다른 사람의 주목, 인정, 관심 등을 바란다.

내 자신이 다른 사람에게 어찌 보이는지, 어떤 영향을 주는지 등 믿을 만하게 증명할 구체적인 사건과 상황이 필요하다. 이러한 사례야말로 확실한 사실이기에 관련 자료와 다른 사람들의 정평은 중요하다. 까다로운 과정을 마다하지 않고, 귀찮지만 자신의 행복을 증명해서 안도하고자 애쓴다.

두려움이나 슬픔, 분노, 미움을 삶에서 제대로 제거하여 행복의 앙숙이 사라진 안도감을 만끽하고 싶다. 이런 쓰레기 같은 감정을 마음과 생각으로부터 제거하려는 바람은 당연하다. 원망이나 서글픔, 두려움, 화, 거부와 미움과 같은 감정이 마음의 어느 구석에라도 자리 잡지 못하도록 전전긍긍한다. 어쩌다 이런 감정이 마음속에 들어와 자리를 잡았는지 한탄한다.

하지만 우리의 행복을 위협하는 문제는
이러한 부정적이고 우리를
과민하게 자극하는 감정이 아니다.

문제는 감정을 지나쳐 자기 자신에 대한 인식과 신뢰가 확고하지 않은 데 있다. 감정은 다른 사람과 상이한 자신에 대한 설명이며 고유한 결을 알려 준다.

이제 감정을 먼 데서 찾아온 손님 대하듯 하지 말아야 한다. 감정은 우리 자신을 숨길 수 없이 나타내는 감지기와 같다. 예민한 감지기일수록 잦은 반응과 차단으로 기기를 보호한다. 예민하게 느껴지는 감정이라고 곧바로 표현하며 표출하는 것은 감지기는 섬세하게 작동하지만 이후의 대책 없이 멈춰버린 기계를 복구하기 힘든 상태와 유사하다. 감지기가 소리를 낼 때는 무슨 일인지 둘러보고 면밀하게 살펴 신속하고 정확한 대응을 하는 것이 필요하다. 알람이 울리니 건물이나 기계를 폐쇄하거나 차단하는 것은 사용할 수 있는 도구나 대비책이 없다는 말 밖에 안 된다. 우리가 삶을 살아가면서 자신을 살피며 챙긴다는 것은 다른 사람과 같은 모양새를 따라 하며 안심하는 정도의 안전 이상을 의미한다. 여기에서 감정은 개인의 독특한 특성을 다른 사람과 환경으로부터 구별하는 예민하고 섬세한 감지기로 자신을 어떻게 살피며 챙겨야 하는지를 구체적으로 나타내며 알려준다.

감정을 조절한다는 것은 보다 둔감하게 느끼거나 외면하는 것이 아니다. 감정을 예민하게 느끼되, 그 감정이 촉발하는 우리 자신의 판단과 생각의 내용을 들여다봐야 한다. 자기 검증은 행동으로만 하는 것이 아니다. 감정과 생각의 연관성을 구체적이고 자세하게 정리해야 한다. 그렇게 자신의 판단 기준을 상세하게 알아가는 것이 자기이해를 보다 명확하게 한다. 자기를 정확하게 이해하면 스스로의 바람과 필요를 구체적으로 알고 그 감도를 합리적으로 관리하고 조절할 수 있다. 우리의 욕망은 욕망하는 것이 문제가 아니라, 무엇을 언제 어떻게 욕망하는지 자의식이 활성화되지 않았을 때 염려가 되거나 문제를 일으킬 가능성이 있다. 사실 욕망하고 바라는 것 자체가 무슨 문제가 되겠는가? 다만 욕망이 무엇인지 정확하지 않을 때, 충족하기 위한 시도와 노력이 적합하지 않을 때, 갈등이 거듭되거나 허무해지는 좌절이 문제로 남는 것이 어려움이다. 문제인 것은 알겠는데 어떻게 해도 해결되지 않는다는 난해함을 느끼며 고통만을 호소하게 되는 고통이다.

감정을 살피는 것이 우리 자신을 제대로 살피며 삶의 밀도를 높여 만족도를 충족시킨다. 자기를 놓치고 생각을 아련하게 잡아 외부조건의 반응 정도의 감정으로만 받아들인다면 삶이 반응적이고 방어적이다 못해 공격적이고 피해의식으로 고통스럽게 살게 된다. 삶의 고통은 바람과 욕구를 충족하되 자신을 살펴 제대로 챙기려면 어떻게 할 것인가를 숙고하는 과정의 치열함으로 온다. 그렇지 않고 고통이 외부 조건으로부터의 방어로 인함이라면 단지 쫓기는 내용으로 일관되어, 삶은 고단하고 두렵거나 슬픔에 그친다고 여겨진다. 끝을 알 수 없는 뫼비우스의 띠에 갇혀 영원히 반복하는 한계의 선상에 있을 뿐이라는 재앙으로 느껴진다. 생각과 시각이 여기에 머문다면 살만한 인생이라는 사실을 인정하기 힘들다.

감정에서 어긋나면 인지 과정은 왜곡된다.

평가에 영향을 주는 주요 요인은 감정이다. 그래서 감정을 확인하는 것이 더욱 중요하다.

1. 자기 목소리

자기 음색의 노래를 불러라. 요즘 들어 노래를 잘하는 것에 관심이 높다. 주말 텔레비전을 보면 다양한 형식의 노래 관련 프로그램이 상당 부분을 차지한다. 경합을 벌이거나 발표하고 소개하거나 즐기자는 의도이지만, 모두 대단한 실력자들이다. 노래를 잘하는 방법은 정확한 음과 박자, 내용 전달을 위한 발음과 감정을 싣는 거겠지만, 듣는 사람의 입장으로는 맘껏 자기만의 노래로 소화해서 부르는 사람을 주목하게 된다. 아직 자기의 목소리를 내지 못하는 사람도 있는데, 노래를 잘할 뿐만 아니라 노래하는 자기를 충분히 표현하는 것이야말로 힘 있게 느껴진다. 노래도 자기의 음색을 충분히 살려 자기만의 감정으로 불러야 감동을 준다.

하물며 삶을 자기대로의 모습으로
산다는 것은 당연한 힘이 아니겠는가.

나는 너

자기 자신에게 집중하는 것은 이기적이고 자기중심적인 태도와 다르다. 자신에게 집중하는 것은 판단과 선택을 자기중심적으로 하거나 세상의 중심에 자기만의 욕구 충족을 두는 게 아니다. 오히려 생각과 감정을 잘 살펴 아는 것을 말한다.

다른 사람들과 세상은 나의 욕구를 충족하는 자원과 환경에 불과한 것으로 여긴다면, 소유와 집착 그리고 투쟁과 결핍의 축에서 벗어나지 못한다. 반면 자기 자신에게 집중하며 자기를 살피면 자신과 주변이 결코 다르지 않다는 사실을 인정하고 존중하게 된다.

다른 사람을 챙기고 잘 대하는 어떤 사람들의 선의가 경우에 따라 마음 편하거나 따뜻하게 느껴지지 않을 때가 있다. 다른 사람을 중요하게 여기는 사람들 중에는 자신을 상대적으로 돋보일 수 있는 배경 정도로만 인정하는 경우도 있기 때문이다.

마부이기 때문에 말이 있어야만 한다고 생각하는 입장이라면 아무리 다른 사람을 존중하는 태도와 입장이라 해도 '필요'해서 인정할 뿐이라는 숨겨진 의도가 있다. 추종자(follower)가 있어야 비로소 리더(leader)일 수 있기 때문에 인심 좋은 행동을 하는 것은 인기몰이의 궁핍함에 몸부림치는 것에 불과하다. 관대할 뿐이지, 귀족답게 살기 위해 반드시 있어야 하는 노비를 인정하는 태도에 불과하다.

다른 사람과 더불어 사는 것이 어려운 이유는 나와 다른 DNA의 존재가 내 마음에 들지 않아서일 게다. 마땅치 않을 뿐만 아니라 생활과 마음까지 불편하게 한다. 나와 같지 않은 사람들이 가득한 세상에 살며 '같지 않아' 불편을 호소하는 이상 삶은 결코 녹록할 수 없다.

사실 삶은 늘 의도하지 않은 상황에 놓여 있다. 예기치 못한 돌발적인 일들을 만나게 된다. 어디에서든 안정적이고 완전하게 확실한 답이 있을 수 없는 현실이라는 사실이 불편하다.

사람들은 질문을 하고 하소연을 할 때면 불꽃보다 더 이글거리는 열망으로 질문 받은 사람의 입과 영혼까지도 잡아먹을 듯 바라본다. 그리고 그들의 절규는 정답 '하나'만을 갈망하는 기대로 가득하다.

아쉽게도 삶은 너무나 단순한 원리가 다양한 방법과 나름대로의 논리로 증명되는 현장이다. 그리고 아주 단순하고 간단하고 쉬운 삶의 원리가 무한한 현장과 무수히 많은 삶으로 더불어 표현되기 때문에 외부의 현상만으로 그것만이 '정답'이라는 정리를 할 수 없다. 이 점에서 우리들은 무엇을 정답으로 갈구했는지 혼돈스러워 하곤 한다. 삶의 이치에 대한 확신이었는지 그것이 '나'라는 유일한 존재의 독특한 삶에서 어떻게 증명되고 적용되는지에 대한 어려움과 외로움에 대한 갈망이었는지에 대한 어지러운 현기증이다.

우리는 자기 자신을 충분히 살펴야 한다. 이는 자신의 생각을 속속들이 집중하며 아는 것과 자기의 감정을 제대로 느끼며 아는 것을 말한다.

충분한 자본

우리 각 존재는 살아 내기에 충분하다. 삶에서 어떤 장면에 놓여 있다 해도 자기 자신을 자본(資本)으로 삼아 자본을 관리하고 챙긴다면 가장 중요한 핵심을 제대로 잡은 셈이다.

자기 자신이 자본이라는 말은 자본주의와 혼돈하면 결코 안 되는 표현이다. 만약 자본주의로 혼돈하면 자신의 모든 시도와 움직임까지 금전적인 계상과 환원이 가능하고 보다 높은 가치는 그러한 과정에서 금전이라는 자본주의적 도구로 가늠할 수 있다고 계산하게 된다. 이 또한 앞에서 말한 기발이승인 셈이며, 정체성을 존재가 아닌 역할과 기능으로 설명된다고 착각하는 것이다. 사람이 자신의 역량과 가치를 돈이라는 수치로 증명하며 만족하고 자랑스러워한다는 발상이 인간 존재를 존중하는 방향과 궤를 같이 하는 것은 아니다.

그럼에도 생존에 귀착하는 단순하고도 동물적인 태도의 승부 근성은 강하게 이겨 내며 증명한다. 생존에의 몰입은 가장 단순하고 기본적인 얼개이기에 어떤 것으로도 타협되지 않는 강한 설득력이 있다. 그렇다고 전적으로 인격적이라는 말과 같은 뜻은 아니다. 일찌감치 빅터 프랭클(Viktor Frankl)은 아우슈비츠라는 극한 상황에서 생존 이상의 인격적인 존엄성에 의미를 둔 생명과 삶의 가치에 대해 실증적인 경험과 관찰로 깊은 울림과 메시지를 인류에게 전했다.

우리의 인격이 가장 귀중하고 무궁무진한 자본이다.

자기 개념

자기 자신을 어떻게 인지하고 느끼느냐에 대한 문제인데, 여기에서 중요한 단서가 되는 것 중의 하나가 '다른 사람이 나에게 무어라고 하는지'에 대한 내 자신의 이해와 수용이다. 이러한 시각으로 보면 가정이나 양육 환경에서 가장 자연스러운 인정과 수용을 충분히 경험하고, 허용적인 분위기에서 성장하는 것이 확실히 개인이 살아가는 힘을 갖추는 데 도움이 되는 것으로 생각하기 쉽다.

하지만 모든 개념이 그러하듯 밝혀진 정의에 노출된 양에 의한 비례적인 형성만이 아니다. 좋든 싫든 경험한 질적인 계기와 개인이 집중한 선택의 문제, 즉 다분히 질적인 경험의 영향이다. 평소에 수용적인 상황에서 생활했지만 단 한 번의 상황으로 자신감을 잃거나 아픈 경험을 강하게 할 수 있다. 그런 경우 단 한 번의 사건과 상황으로 자신에 대한 지각이나 인지에 변화가 생기기 마련이다. 이러한 영향을 받는 면과 영향을 받는 선택은 사람마다 다르기 때문에 '어떤 상황이나 계기는 사람에게 나쁜 영향이 된다.'거나 '부정적인 시각을 뿌리 깊게 한다.'는 식의 단언을 할 수 없다.

그럼에도 누구나 자기 자신도 놀랄 정도의 자그마한 단서에 발목이 잡히거나 마음이 산란해질 수 있다. 어쨌든 누구나 스티그마(stigma)로 괴로워할 수 있으며, 어떻게 하면 자신을 보호하며 자유로울 수 있겠는가에 대한 생각을 하자는 것이다. 자기 개념은 구축된 성이 아니다. 자기인식과 더불어 다른 이의 평판을 어떻게 고려하여 염두에 둘 것인지, 아울러 어떤 내용을 지켜나갈 것인지 가치관과 삶의 의미에 해당하는 방향성과 그에 준한 논리의 확장성을 말한다. 무엇을 중요하다고 할 것인지, 그래서 무엇을 지키고 버리며 변화를 꾀할지 모든 선택과 결정은 내 자신에게만 있는 기회다.

2. 믿음

　믿음은 방향을 믿는 거다. 정확하게 말하자면 존재의 방향을 믿는 거다. 멈춘 위치의 완벽함과 가치를 선망하는 것이 아니라, 혹시 지금은 미치지 못하였다 하더라고 설령 마음에 흡족하지 않아도 종국에는 그 자체일 것을 의심하지 않는 거다. 이 말은 이미 '충분'하다는 의미를 강하게 함축하고 있다.

　감정이 생각이고, 생각이 감정이다. 감정은 정직한 소리이며 감지기로서 제대로 생각하도록 돕는 단서다. 감정을 무시하거나 폭풍 치듯 일어나는 감정으로 생각과 일을 그르치는 침소봉대의 안타까운 상황은 없도록 하는 것이 중요하다.

　기분과 감정을 느끼는 자신을 한탄스러워 하고, 못마땅할 수도 있지만 그렇다고 생활을 잘못 하거나 생명이 그릇된 것은 아니다. 생각이 오류를 범하거나 실수 할 수 있다. 그렇다고 인생이 실패작은 아니다. 짧은 생각이라도 우리들 자신이 잘 견디고 살아가기 위한 노력의 일환임이 분명하다. 잘 살아가려면 스스로 어떤 경각심을 느껴야 하는지 알려주는 신호와 같은 것이 감정이다. 불안을 느끼면 자신의 바람대로 되지 않을 수도 있다는 자의식이 발동한 이유가 무엇인지 점검하면 되는 것이지, 불안이 느껴지니 완전 잘못 되었다고 포기할 필요는 없다. 하지만 우리는 감정이 촉발되면 감정을 무시하거나 반대로 감정 때문에 일을 내던지는 상황을 만들곤 한다.

슬픔이나 절망을 미리 막을 수는 없지만 언제나 해결할 수 있다는 현실적인 가능성을 믿어야만 한다. 격앙된 어떤 감정이라도 삶 전체를 송두리째 삼켜버릴 만큼의 위력은 없다. 존재에 귀속된 감정으로 예민하게 살펴야 하는 것과 존재를 위협할 만하다는 것은 다른 말이다. 마음을 괴롭히는 감정이 일어났다고 위험하다는 전조로만 여기는데 그치면 안 된다.

중요한 믿음 중의 또 다른 하나는 누구나 최선을 다 하며 살고 있다는 존재를 존중해야만 하는 부분이다. 내 마음에 들지 않고 나의 생각과 맞지 않아 의아해도 누구나 최선을 다 하며 살고 있다. 아이들과 대화하면 알 수 있는 중요한 사실은 누구나 시험을 잘 보고 싶어 하며 좋은 성적을 갈망한다는 것이다. 어른들도 다 안다. 하지만 그런 아이들의 마음을 안다고 안쓰럽고 애처롭게 생각하며 돕기보다 어떤 태도를 보이는지 돌이켜야 생각해봐야 한다. 잠만 자거나, 놀기만 한다거나, 핸드폰만 들여다보면서 마음과 생각으로만 공부 잘 하기를 바란다고 면박주기 일쑤일 거다. 아이들이 성적이 나쁘면 어른들은 공부 못해서 큰 일 났다고 걱정하지만, 아이들은 할 수 있고 해야만 하는 일을 제대로 하지 못하는 자신의 능력과 함께 존재의식에 의심과 불만이 가득해진다. 왜 살아야 하는지 얼마나 비관적으로 생각하며 절망하는지 어른들이 조금만 더 마음을 써준다면 아이들에게 위로가 될 것이다. 그런 관심을 받게 되면 아이들은 자기 자신에 대한 믿음이 회복이 되고 눈에 보이게 성적이 향상되는 것을 보장할 수는 없지만, 최소한 삶의 태도는 확연하게 바뀌는 것을 알 수 있다. 굳이 성적만으로 자신을 평가하지 않아도 된다는 사실로 마음을 놓으면 자신이 하고 싶은 일을 찾는 태도에 열심이 생긴다. 능동적이며 주도적인 자세를 보여준다. 자신의 삶을 지속적으로 리드할 수 있는 힘이 견고해진다.

감정은 잘 살아내려는 자신의 정직한 소리라는 점을 믿고 주목할 때에 보다 정확하고 세밀한 내용을 알려준다. 감정은 이렇게 생활에서 활성화되고 인지는 더욱 구체화된다.

직면

감정은 직면하는 것이 중요하다. 피하기보다 정면으로 맞닥

 경계의 감정 Sentiment of the Edge

뜨리는 것이 가장 확실하다.

*감정을 정면으로 보지 않을 때, 먼 불빛으로
과하게 커진 그림자에 지레 겁먹을 수 있다.*

혹은 움직이지 않는 철모를 거북이인 줄 착각할 수도 있다. 막상 대면하면 정확한 크기와 지점을 알 수 있는데, 놓쳐 버린 시점이 연쇄적인 반향을 점점 더 확장시키게 된다. 감정이 별게 아니어서가 아니라, 근거 없이 과장되거나 혼란스러운 지점으로 오해하여 적절한 파악을 놓쳐 얼마든지 정리하고 이해 가능한 '그' 감정임에도 불구하고 큰 병이 될 수도 있다.

그보다는 아픔을 숨기지 않고 드러내어 고통을 덜어내고, 아프고 힘든 입장을 고려하며, 괴로움을 반복하지 않도록 직면하는 것이 절실하다. 부정하거나 외면하려는 노력은 우리의 가치관과 생각의 판단이 필요한 선택과 결정이다. 고통스럽거나 슬픈 것의 연민이나 동정을 바라는 것이 아니라 아픔이나 좌절을 느끼는 지점에 있음을 알아주고 이해하는 것이 필요하다. 괴로움과 괴로워하는 사람을 존중하지 않는 값싼 동정과 짧은 시각의 연민을 말하는 것이 아니다.

완고한 부모님은 일찌감치 자식의 자립을 염두에 두고 매몰차게 훈육하고 양육했을 뿐인데, 자식은 주눅 들어 하고 싶은 것을 제대로 표현하지 못하고 거짓말로 방어하며 살 수 있다. 그런 자식 때문에 부모는 더 채근하고 나무라며 실망하는 경우를 종종 본다. 이런 경우, 부모와 자녀가 스스로의 감정을 정면으로 바라보면 정확하고 평화로운 문제 해결에 도움이 된다. 대부분의 부모는 자녀의 훌륭한 성장과 자립을 바란다.

부모에게 반항하거나 대화로 부딪히는 자녀들에게 문제가 생기기보다 조용히 있는 자녀들이 자신의 진로와 삶에 대한 어려움을 호소하는 경우가 더 많다. 부모의 강렬한 감정에 무조건적으로 순응하는 경우 자기의 감정을 외면하거나 적당히 무시하는 것이며, 이런 경우 자기의 바람이나 욕구, 꿈, 생각 등을 위해 접근할 힘이 부족해진다. 과장하거나 오해하는 감정을 견디기 위해 집중하다 보면 자기에 대한 생각을 정리할 힘이 부족하게 느껴진다. 이렇게 반복되면서 급기야 폭발할 때도 있지만, 그런 경우는 오히려 나은 것이고 '모르겠다'는 지점에 이르게 되는 경우가 많다.

아이들이 '모르겠다' 혹은 '없어요'라고 대답할 때는 자기 몰이해에 빠졌다는 사실을 강렬하게 고백하는 거다. 보다 따뜻하고 여유 있게 인정해주고 위로해주기를 바란다는 요구다. 아무리 노력해도 자기 자신이 느껴지지 않고, 보이지 않는다고 상

 경계의 감정 Sentiment of the Edge

상해보면, 얼마나 절망스러운 요청인지 느낄 수 있다.

용기

수치와 좌절의 선물은 자기 이해다. 우리는 모두 각자의 삶을 살고 있다. 그렇지만 내가 어떻게 살아야 할 것인지를 주도적으로 결정하는 사람은 그리 많지 않다. 다시 고쳐 말하자면, 선택과 결정을 위해 자기를 충분히 이해하는 데 집중하는 삶을 사는 사람이 그리 많지 않다.

자기의 삶을 자발적이며 주도적으로 사는 것은 대단한 투지와 에너지 넘치는 모습을 말하는 게 아니다. 먹는 음식의 맛을 느끼고, 내 피부의 공기 흐름을 느끼고, 내 손의 감각을 느끼고, 내 기분을 알고, 내 생각을 잡아 충분히 알고 그에 적합한 행동을 하는지를 주목하는 것과 같이 아주 일상적이며 구체적인 자그마한 조각들에 대한 이야기다. 자기를 제대로 느끼며 사는가에서 출발해야만 하는 것이 자기 이해다.

그런 면에서 일상에서 느끼게 된 좌절이나
수치심이라는 것은 돌이키기 힘든 감정이기는 하지만,
내 자신이 어떤 생각을 하거나 행동을 했는지 분명하게
알 수 있는 중요한 단서를 주는 상황과 함께 있다.

중요한 것은 그 상황이나 사건에서만 출렁인 감정이지, 그것을 느꼈다고 '늘' '모든' 면에서 수치스러워 하고 좌절하는 것은 아니라는 점이다. 그럼에도 강렬하게 일어난 감정에 주목하는 것이 의미 있는 이유는 평상시에 너무나 평온했던 감정과 생각, 행동의 회로가 분명하게 드러나기 때문이다.

나의 행동이 어떻게 보이는지 가늠할 수 있고, 나를 어떻게 바라보는지 알아낼 수 있는 기회라는 점에서 아주 귀중한 단서다. 생각 없이 한 행동인 것 같지만, 사실 자기만 아는 어떤 자그마한 요구에 의해 몸은 움직였다. 반사적이든 의도적이든 몸은 마음과 함께 움직이기 마련이다. 그럴 마음이 없었다는 것은 그런 마음을 내가 인정하지 못하거나, 인정하기 싫기 때문에 외면하거나 부정하는 것일 때가 다반사다.

그럼에도 정말 마음 없이 몸이 움직였다면 우리는 과잉행동에 주목해야 한다. 어려운 것은 최초의 한 번은 과잉행동이었는지 모르지만, 과잉행동이라는 진단이 면죄부와 같이 느껴지면 '심신이 미약하여' 마음과 전혀 다른 행동을 할 수 밖에 없었다는 설명을 애용하며 진실을 피해 도망 다니게 된다.

언제부터인가 우리는 알코올이나 약물 혹은 다른 이유로 미약해진 심신의 설명을 타당하게 인정하는 사회가 되었다. 이러한 예가 아주 없다고는 할 수는 없지만, 그렇다고 가시적으로 확인할 만큼 심신이 미약한 과잉행동이 일어나는 일은 있을 수 없다. 우리는 지금 오용되고 있는 미약한 심신의 당위성으로 불안한 사회를 느낀다.

흔히 '정신이 없어서'라고 말한다. 정신이 없으면 어떻게 생각할 수 있었나? 타박이 아니라, 무의식적으로 방어하는 것을 되짚어 보자. 사실 대부분은 핑계로 벗어나고 싶거나 싫은 것을 하지 않을 수 있는 이유를 찾아내려는 것뿐이다.

이러한 면에서 윌리암 글래서가
'정신병은 없다.'고 오래전에 선언한 것은 의미심장하다.

차라리 미치는 것이 편하기 때문에 기꺼이 분열을 선택하는 것이라는 그의 견해는 실증적인 통찰이다. 혹시 책임을 면할 수 있어서 마음이 가벼운지, 마주할 용기가 나질 않아서 아예 정신을 놓아 버리는 것인지, 어떤 이유에서든 하고 싶은 대로 한 것이라는 견해로, 보다 자세하게 자신을 들여다보게 하는 글래서(William Glassor)의 접근은 '좋은' 세상에 대한 우리의 열망이 얼마나 현실적인지 설명해 준다.

3. 감정의 구조

오랫동안 의식의 구조는 빙산의 그림을 비유로 표현했다. 정신과 의식을 어떻게 증명하고 다루어야 하는지 조심스럽기는 매 한 가지이기는 하지만 최초로 입을 뗀 프로이트에게 콜럼부스 달걀 이상의 가치를 인정해야 한다. 수면에 드러나는 의식과 잠겨있는 무의식, 거대하지만 바다에서 움직임 등 빙산의 속성을 관찰하다보면 프로이트의 비유는 적절하다는 감탄이 나온다. 보이지 않지만 분명하게 존재하는 의식을 표현하면서 다루어야만 했던 프로이트의 뜨거운 열망은 인류를 위한 선물이다. 빙산의 비유는 오랜 역사를 자랑하듯 여러 방면에서 애용되어왔다.

맹자는 사람의 본성을 성선(性善)이라 한다. 측은지심(惻隱之心,불쌍히 여기는 마음), 수오지심(羞惡之心,의롭지 못한 것을 부끄러워하는 마음), 사양지심(辭讓之心,겸손하여 사양할 줄 아는 마음), 시비지심(是非之心,옳고 그름을 가릴 줄 아는 마음)은 마음을 말하는 것이고, 희노

애구애오욕(喜怒哀懼愛惡欲 기쁨, 화, 슬픔, 두려움, 사랑, 미움, 욕심)은 감정이라 하겠다.

마음에서 우러나는 감정이 서로 다르지 않아 생각하는 것과 느끼는 모든 것이 살아내기에 가장 좋은 내용이다. 아버지를 아버지라 하지 못하는 괴로움을 토로한 홍길동의 절규와도 같이 슬픈 일에는 슬프게 느끼는 것이 옳다. 옳고 그름을 가릴 줄 아는데 그른 상황에 놓였을 때 화나는 것은 마땅하다. 다만 화났을 때, 분노를 폭발하며 자기의 분이 가라앉을 때까지 발작하는 것을 말하는 것은 아니다. 더군다나 슬프거나 두려운 것이 자신인지, 상황의 판단에 의한 영향인지 등을 성찰하고 구체적으로 파악하지 않는다면 정확한 감정을 느낀다고 말할 수 없다.

감정은 자극에 의한 복잡한 반응이기도 하겠지만, 생각하며 판단하고 인식하며 결정하게 된 평가의 값이기도 하다. 같은 자극이나 조건이어도 처한 상황이나 일상의 맥락에 의해 보다 만족스러울 수도 있고, 지나치고 넘쳐서 불필요하게 여겨질 수도 있는 다분히 비정형화된 평가와 가치가 가능하다. 감정은 마치 자라나는 나무와 같이 생각할 수 있겠다. 든든한 줄기와 가지는 같은 나무다. 상호작용하고 예민하게 생명을 유지하는 나무와 같이 마음과 감정은 생각과 상황 그리고 행동의 유기적인 역동으로 활발하다. 한시도 쉴 새 없이 움직이고 자라나고, 여전히 예민하고 주변에 적응하되 스스로의 생명을 지켜내는 힘이 있는 나무와 같이 우리의 감정은 그렇게 우리들 자신의 특질을 지켜낸다. 아울러 살아야 하는 현실과 주변과의 상호작용을 위해 유기적인 교류로 적응하며 스스로의 정체성을 보호하도록 돕는다. 감정은 화석화된 개념으로 마음과 인지에 차지하는 영역이 아니다. 무엇보다 우리들 자신이 스스로의 존재를 확연하게 신뢰하도록 해 주는 생명의 감지기다.

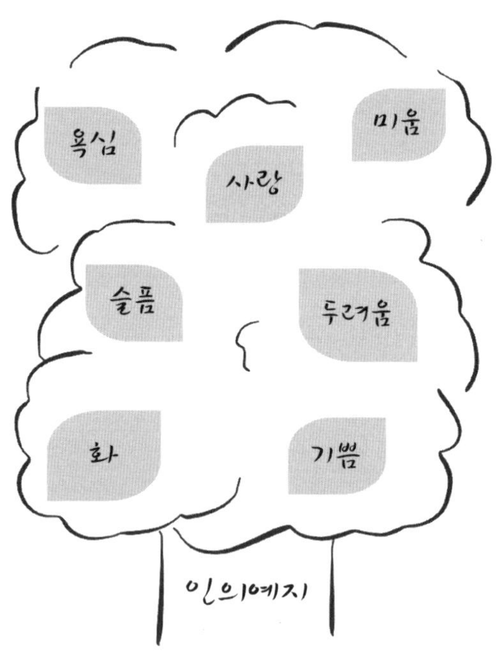

V

좋은 감정

: 감정 직면하기

V.

　느껴도 되는 감정이 있고, 느끼거나 담아두면 안 되는 감정이 따로 있는 게 아니다. 감정과 기분이 느껴질 때, 그것이 말하는 내용에 귀를 기울여야 한다. 무엇이 좋다는 것인지, 무엇이 불편하다는 것인지... 알아보고 생각하는 과정으로 감정이 알려주는 자신만의 특질을 정리하고, 그 특질을 살려내는 삶은 선택하는 자료로 활용하는 접근과 진행이 중요하다. 감정은 생각을 더욱 정밀하고 개인적인 특성을 고려하도록 지원하는 계기로 역할 한다. 그리고 가치관과 신념과 같은 생각의 맥락에서 판단하며 평가해서 스스로의 일관성을 가늠하도록 돕는다. 현재의 감정은 이러한 성찰의 과정을 돕기에 중요하며 주목해야 한다. 이런 면에서 감정은 예민한 감지기로서 충분하다. 그래서 감정은 제대로 느끼고 이해하고 깊이 생각할 수 있도록 돕는 삶의 동기부여의 단서가 된다. 감정은 지치지 않고 늘 활성화 하여, 역동적으로 생각하고 행동하도록 하여 지속적으로 매진할 수 있는 에너지의 역할을 한다. 감정만 제대로 살핀다면 주도적이며 주관적인 삶을 다른 사람과 협력하며 창의적이 며 생산적으로 살 수 있다. 무엇보다 개인적인 삶의 만족도를 제고할 수 있다.

감정은 함부로 제어해서는 안 된다. 마음에 들지 않고, 지나치다는 생각 때문에 마음에 이는 감정을 외면하지 않아야 한다. 감정은 생각하며 혹시 착각하거나 오해하는 것은 없는지 점검하고 확인하라는 메시지로부터 시작해서 종국에는 충분히 느끼라는 신호로 감지되는 것이다. 촉감이나 후각, 청각, 시각, 미각 등 오감을 충실하게 활용하며 느끼되, 지나치게 과민하지 않도록 한다.

감정을 충분하게 느끼기 위해 살피는 방법은 다음과 같다.

(1) 무슨 감정을 느끼나?

(2) 지금 느끼는 감정의 세기는 어느 정도인가?

(3) 이 감정·기분은 어떤 생각으로 느끼게 되었나?

- 감정의 단서가 되는 사건이나 상황

- 사건이나 상황에 대한 생각

- 사건이나 상황으로 느낄 수 있는 감정에 대한 생각

(4) 무엇을 원하나? 이 감정의 흐름이 어디로 가기를 바라나?

(5) 감정을 느끼는 것이 다행임을 인정하기

감정을 충분히 살피는 것은 감정을 느끼는 내 자신을 구체적으로 이해하고 정리하는 것을 의미한다. 느껴지는 모든 감정에 언제나 이렇게 구조적으로 접근하는 것이 번거롭고 의미 없는 것처럼 느껴지거나 보일 수 있다. 하지만 찰나에도 오만 가지 생각이 드는 게 사람이다. 떠오르는 생각 모두를 손에 잡아낼 수 없고 예리하게 파고들기에 피곤한 일일 수 있다. 하지만 특별히 촉발된 감정과 생각은 상황에 적절하게 정리하면 마음을 다스리고 행동을 선택하는데 큰 도움이 된다. 우리가 하는 선택과 결정은 느닷없이 다가온 기회에서 제시된 조건의 향방을 정하는 게 아니다. 평소에 자기의 감정을 살피고 생각을 정리하며 스스로를 이해한 것에 부합된 선택을 한다면 주도적인 삶을 살아가는 중요한 실마리는 잡은 것이다. 평소에 감정을 살피는 것은 예민한 감정의 만족도에 따른 여부를 파악하는 것이어서 스스로 충족할 수 있는 기준을 예리하게 정리하는 것과 같다.

이와 같은 접근으로 감정과 생각을 예민하게 살핀다면 감정으로 문제되는 것이 아니라, 감정 덕분에 만족스러운 삶을 살게 된다. 문제되는 감정이 아니라, 문제적 감정으로 다양한 문제해결을 시도해볼 수 있다. 감정이 문제인 것이 아니라, 감정이 알려주고 의미하는 내용을 제대로 이해하지 못해 야기되는 문제해결의 오류를 해결할 수 있다. 무엇보다 불편한 감정

　경계의 감정 Sentiment of the Edge

을 반복해서 야기하는 경우를 확연하게 조절할 수 있다. 문제의 경계에는 감정이 있는 것이 아니라, 감정을 살피지 않고 문제가 될까봐 조급한 마음만 있는 경우가 대부분이다.

1. 방법: 관심, 관찰, 관계

건강하고 행복하게 사는 것에 대한 관심은 아무리 많아도 지치지 않고 끝이 없을 것이다. 어떻게 건강할 것인가?

관심은 구체적이며 실제적인 면에 집중된 인식과 이해를 선물로 준다. 사랑하는 사람에 대하여, 좋아하는 일에 대하여 관심이 없는 사람이 있나? 관심이 있다면 어떻게 되나? 주목하고 생각하고 머리에서 생각이 떠나질 않고 느끼고……. 이러한 접근과 과정이 꾸준히 지속된다. 건강하게 살려면 우리는 자신에 대해 관심을 가져야 한다.

내가 느끼는 만족은 무엇이지?
나의 감정에 대해 생각하자.

내 기분이 어떤가?
내 몸 상태는 어떤가?

나의 현재 상태는 어떤가?

내가 만난 문제는 무엇인가?

내가 해결하고 싶은 것은 어떤 모양인가?

나는 지금 어떤 예상을 하며 대책을 바라는가?

나는 무슨 준비하기를 원하나?

등과 같이 자기 자신을 지각할 수 있는 구체적이고 현실적인 생각을 하며 스스로를 느끼도록 하자. 이러한 과정과 시도로 알게 되는 자신을 인정하고 수용하기를 노력하는 것이야말로 삶의 만족도를 높여 준다. 높은 연봉이나 재테크를 성공한 것보다 자기 자신에게 이러한 집중적인 관심을 통해 마음과 생각, 감정을 느낀다면 삶의 밀도는 대단해진다. 자신의 감정이 충분히 느껴지고 인식될 때까지 기다리고 바라보며, 자기 자신을 제대로 드러내는 것이 관심이다. 이렇게 제대로 된 관심은 감정이 문제되지 않도록 한다.

다음과 같은 관찰도 아주 중요한 키워드다.

오늘 당신이 컴퓨터 앞에 앉거나 식탁에 자리하거나,

버스나 전철에 올라타기까지

혹시 보았던 장면들이 기억나는가?

오늘 바라본 하늘은 어떠했나?

오늘 지금까지 마주쳤던 사람 중에 유난히 당신의 눈이 갔던 사람을 기억하는가?

무엇이 그 사람에게 눈길을 가게 했을까?

혹시 지나치던 가로수는 기억나나?

아무 것도 아니라고 생각하는 일상의 관찰이 바로 당신의 삶을 건강하고 행복하게 하는 감도를 높여 준다. 아침에 일어나 일터나 학교 혹은 어느 곳을 가고 다시 집에 돌아오는 과정에서 관찰한 사물과 환경에 대한 것이 면밀하고 풍부할수록 당신을 즐겁고 만족시켜 줄 것들은 비례한다.

이것은 당연하다. 지금부터 스마트 폰의 화면에서 눈과 손을 떼야 한다. 그 안에 넘치는 정보들이 당신의 마음과 손과 눈을 잡아당겨도 그것은 돌아서면 '펑' 사라지는 연기와 같다. 우리의 삶은 판타지가 아니다. 대단한 사랑은 살이 스치고 눈이 마주치고 호흡이 오고가는 실제에서 일어나는 것이다.

어떤 사람이 몇 년 동안 매일 같은 시각 자신의 모습을 사진으로 찍어 기록으로 모은 것을 본 기억이 난다. 그렇게 우리 자신이 매일 바뀌고 있다. 하물며 매일 다니는 길목의 풍경은 모든 사물이 바뀌고 있는 모습을 보여 주고 제시해 주고 있다. 이는 주위를 둘러보고 살펴보아야 느낄 수 있다.

　　　　　　　　　경계의 감정 Sentiment of the Edge

지금도 주변을 살피고 자기를 관찰하는 사람이 결국은 정보통신기술(ICT)을 선도하는 사람이 될 것이다. 왜냐하면 관찰이 바로 생각이고, 생각이야말로 가장 창의적이기 때문이다. 무엇이 어떻게 필요한지에 대한 확신은 사람에게서 나온다. 사람을 관찰하고 삶을 관찰하는 것은 너무 중요한 삶의 질이다.

마지막으로 관계에 대해 이야기하겠다. 관계는 중요하다. 이것이 가치 있는 이유는 당신을 받쳐 주는 배경이기 때문이거나 어장으로서 풍부한 먹잇감이어서가 아니다.

제발 인맥 관리는 중요하다는 식으로 오해하지 말아야 한다. 누군가 당신에게 필요한 가치가 있어서 친절과 관심을 표명한다면 기분이 어떨까? 필요에 의해 버리지 못하는 사람이라는 취급을 받았을 때 안도하고 만족할 수 있을까? 그렇게 생각하면 당신은 계속 가치 있는 사람이어야 한다는 강박으로 불안과 두려움을 안고 살아야 한다.

당신이 잃게 되는 지위로 사람도 같이 잃게 될 텐데……. 그래도 괜찮은가? 세상이 모두 껍데기일 뿐이라는 생각이 들지 않을까? 껍데기들과 어울려 인정받고 주목받는 것이 유쾌하고 만족스러운지 당신에게 묻고 싶다.

관계는 '내'가 중요하기 때문에
'당신'도 중요한 것이고,
같은 존중으로 인정하는 것이다.

거기에 다른 계산이나 목적이 있다면
얼마나 씁쓸한지 모른다.

언젠가 사용할지 모른다는 식의 자가당착에 빠지지 않고 기꺼이 행복한 시각으로 인간관계를 중요하게 인정하고 존중하기를 바란다. 이것이 우리가 모두 '헬조선'을 벗어날 수 있는 방법이다. 서로가 서로에게 디딤돌이고 이용가치로 본다면 GDP가 아무리 높고 사회제도가 전 세계적으로 유수해도 실제 삶의 질에서 느끼는 분열과 허무는 해결되지 않을 것이다.

존중하는 이유는 행복하기 위해서다. 행복한 관계는 인격적인 존중으로 존재 그 자체의 인정에서 비롯된다. 관계는 나와 다르지 않은 당신을 실제로 느끼게 해주기 때문에 중요하다.

2. 요소: 3R

우리가 느끼는 감정은 상황과 가치관, 신념, 기억 등에 비추어 정확하고 옳은 판단과 가치를 반영한다(Right). 직선적이고 정확한 감정을 외면하거나 곡해하지 말고 그대로 인정하고 감정이 알려주는 내용에 귀를 기울여 생각과 상황을 인정하며 받아들이는 것은 중요한 태도다. 감정을 느끼는 자기 자신을 존재하는 그대로, 느껴지는 그대로 인정하고 수용하는 태도로 자기 자신을 존중(Respect)하는 것이다. 옳은 감정은 느껴졌다고 그대로 표출하는 것이 아니라 자기 자신의 감정으로 수용하고 생각과 상황의 맥락으로 감정이 호소하는 지점을 면밀하게 살피며 추구하거나 지향하는 바의 방향에 적합한 행동을 선택해서 표현하도록 한다면(Responsibility) 다양한 감정은 느꼈지만 그만큼 진지하고 창의적인 사고력으로 안정적인 행동과 기회를 풍부하게 만들어갈 수 있다. 이와 같이 감정을 느끼고 감정대로 생각하고 행동한다면 주도적인 삶을 만족스럽고도 확장하며 살아갈 수 있다.

이론적으로 말하자면 자기를 이해하는 접근은 나만의 특질, 성격, 성향, 습관을 알아내는 것이다. 다른 사람과 구별되는 기호가 타당하게 납득되고 향후 어떠한 방향을 만족스러워할지 유추할 수도 있을 만큼 자신의 내면을 낱낱이 알아내는 것을 성찰(省察)이라 한다. 성찰은 자기인식(self-awareness)에서 출발한다. 개인적으로 특별한 사고의 구조나 감정의 지점과 강도, 환경을 이해하고 바라보는 시각 등 다른 사람과 구별되는 의식적인 발견에서 출발한다. 탈무드의 한 굴뚝에서 나온 얼굴에 검댕이 묻은 사람과 묻지 않은 두 사람이 세수하는 이야기는 자기인식을 깊이 건드린 내용이다. 다른 사람과 같을 수 없는 자신을 인정하고 어떤 내용과 어느 지점이 상이한지 정리하며 자연스럽게 이해하는 과정은 과제해결과 같이 단숨에 마칠 수 있는 것이 아니기에 성찰이라 표현한다. 단지 인지가 아닌 감정의 역동까지 파악하여야 솔직하고 정확한 자기이해와 정리가 가능하다.

자기이해는 어느 시점의 앎과 삶에 의한 인지적이고 주관적인 정리여서 10년 전의 내용과 20년 후의 내용이 동일할 것으로 기대하면 오류가 발생한다. 사회에서 세대 차이를 느끼며 서로를 절벽으로 바라보거나 외계인 취급하는 것과 유사하다고 할 만큼 우리들의 겉모습은 시간 따라 변할 뿐만 아니라 내면의 생각, 가치관 등도 소소한 변화가 축적되고 있다. 어느 순간에 급격한 변화를 느껴 자기 자신에게 소외되고 배제된 느낌을 받으며 생소함에 놀라기는 하지만, 사실 우리는 늘 변하고 있다. 일상의 변화를 예리하게 느끼고 간파하지 못 한 것은 습관을 선호하며 안전하게 느끼는 이유이기도 하다. 마찬가지로 늘 내 자신이라는 것을 의심하지 않기 때문에 지속적으로 변하거나 확장되는 사실에 예민하지 못한 이유도 있다.

내 자신이 어떤 사람이라고 생각하는 것과 다른 사람이 나를 어떤 사람이라고 바라보는 시각으로 자기를 이해하는 것이 자기개념(self concept)이다. 자아정체성이라고 해도 좋고 자기개념, 자아인식 등 어떤 표현이어도 좋다. 오히려 중요한 것은 우리가 자신을 이해하는 것이 청소년기의 과제와 같이 어느 특정 기간에 수행함으로 다시는 들춰보지 않아도 되는 내용이 아니라는 점이다. 어떤 사람이냐는 말은 그리 간단한 과정으로 단순하고 명료하게 정리될 수 없다. 소크라테스는 단지 수준이나 처지를 제대로 알아야 한다는 경각의 메시지를 던진 것이 아니다. 성찰하고 정리해서 알아도 마침이 없는 꾸준한 과정으로 우리들 자신을 알고 이해해야 한다.

자기이해는 지속적인 사고의 과정이며 호흡과 함께 예민하고 섬세해야 하는 작업이다. 이 지난한 시도와 과정이 진실하려면 인지의 내용과 감정이 짝을 이루어 예민해야 한다. 감정이 활

성화하며 역동적인 과정을 개방적으로 접근하면 인지의 오류
에 빠지지 않을 수 있다. 그만큼 감정은 정직하고 솔직한 자기
자신에 대한 이해와 평가를 반영한다.

문제해결의 창의적인 시도와 담백한 성과를 유쾌하게 경험할
수 있다. (Resilience)

3. 염치와 위로

염치(廉恥)는 체면을 차릴 줄 알며 부끄러움을 아는 마음으로 마음이 깨끗한 태도다. 염치가 없다는 말은 앞뒤 맥락 없고, 다른 사람을 조금도 고려하지 않은 채 자신의 이익만 추구하는 안하무인을 말한다. 이런 사람은 자본주의에서 아주 유능하거나 제대로 적응적인 편이다. 게다가 자신의 염치없음을 합리화하기 위해 자기 논리와 권리를 강력하게 주장하는 궤변에 능하다. 개인의 특질이 중요하여 존중함과 자기 영역을 지키는 것은 동일하지 않다.

우리는 급작스레 만난 소나기에 빌린 책을 젖지 않게 하느라 옷 품에 넣고 수줍게 용서를 구하는 것과 같이 책임지고 실수를 인정하기를 우선한다. 불가항력적인 상황을 설명하며 스스로를 변호하는데 급급하지 않는 것이 염치다. 염치는 사람이 고결한 존재임을 잊지 않게 해주는 성찰이다. 개인의 삶이지만 단독자에만 머무르지 않는 삶이도록 하는 역동이다.

자녀의 주변에 나쁜 친구들만 있어서 마음이 불편하고 이를 해결하기 위해 어떻게 해야 하는지 걱정하는 부모와 대화할 때면 차분하게 질문해야 한다. 사실은 자녀의 주변에 있는 친구들이나 자녀의 행태가 마음에 쏙 들지 않아서 괴롭거나 답답한 거다. 부모들도 마음에 들지 않은 것과 행실이 나쁜 것이 유사하지 않다는 정도는 안다. 막상 나쁜 아이나 나쁜 사람이라는 개념이 정확하지 않고 사실 그렇게 나쁜 사람도 없다는 점을 인정한다. 하지만 마음에 안 드는 상황이 생기면(호오 好惡) 일단 마음이 불편하니까, 나쁜 사람이라고 판단(시비 是非)하고 속단할 뿐이다. 대략적으로 마음이 불편해서 나쁘다고 했지만 엄밀하게 말하자면 내 마음에 들지 않는 것이지, 옳지 않은 것은 아니다. 이러한 점에 착안해서 부모나 선생님과 같은 어른들과 대화하는 것은 중요한 기회라고 강조하고 싶다. 나쁜 친구에 둘러싸인 자녀를 생각할 때 느껴지는 감정과 부모의 마음에 마땅찮은 친구들과 어울리는 자녀에게 드는 감정은 다르다. 분명히 다르다. 그럼에도 '걱정'이나 '두려움'이라는 단순한 규명으로 정밀하게 이해하거나 다루지 않으면, 심각한 편차가 생겨 오해와 경멸만 거듭하게 된다.

길고 복잡하며 난해한 접근으로 오류를 반복할 가능성이 크기 때문에 열심히 집중한 것치고 자기이해에 도움이 되지 않을 수 있다. 자기이해는 도구나 구조화된 유형의 설명과 표현보다

자기의 감정을 자세하게 들여다보고 감정이 건드려지는 지점
과 느껴지는 감정의 내용을 구체적으로 인지하고 정리하는 과
정으로 신뢰도를 높일 수 있다.

부끄러움을 알아야 인간이다.

　우리가 바라는 것은 위로다. 위로는 따뜻하고 편안한 감정의
표현에 그치지 않는다. 감정을 이해하기 위해 위로를 말하는
것은 중요한 단서다. 사실 위로는 사회적 동물로서 인간의 삶
을 살아가며 주고받을 수 있는 최대의 선물이다. 사랑을 최고
의 덕목으로 말하기는 하지만 고단하고 힘든 삶으로 지친 우리
가 큰 힘을 얻는 것은 따뜻한 위로다.
　위로는 인간임을 느끼고 깨닫게 해주는 희망의 선언과 같다.
다른 사람에게 어떻게 아름다운 감동을 따뜻하게 줄 수 있는지
알게 한다. 이해해야지만 위로할 수 있는데, 서로 다른 점을
그대로 인정하는 것으로 서로의 선하고 귀함을 확증하게 한다.

4. 그러면 어떻게 살 것인가?

　기억의 오류를 해결하려는 인류의 오랜 바람이 컴퓨터와 인공지능을 만들게 되었다. 조금의 결손이라도 충분하지 못한 증거라고 믿고 싶은 인류의 조바심은 디지털로 완전한 기억의 세계를 구축했다. 디지털 혁명은 속도와 엄청난 양의 정보를 확보하고 공유하며 확산하는 것에 그치지 않는다. 사이버 공간의 역사적 궤적은 어떤 것도 지워지지 않고 영원하고 완전하게 기록되고 저장되어 기억된다. 이미 빅 데이터의 힘을 경험하고 있지만, 막상 도래할 온전한 디지털의 세상은 상상 이상의 방대한 정보로 조밀한 통제가 가능하다. 망각은 신이 인간에게 주신 자연스러운 선물이라면 영원히 지워지지 않는 디지털의 완전한 기억은 가늠하기 어려운 재앙이 될 수도 있다. 빅 데이터와 코딩의 흥분과 기대로 혁명적 분기점만을 노리지 말고, 우리는 어떻게 자유로운 인격을 보장할 수 있는지를 고려해야 한다.

　과잉기억증후군이 병리적이듯 디지털의 완전기억 자체도 그리 반가운 도입이 아닐 수 있다. 가장 어려운 것은 감정을 고려하지 않고 반영하지 않은 사실의 저장이고 단편의 기억들이기에 누군가의 재편집과 의도가 확실한 가공에 의해 모든 정보와 자료의 모양새가 달라질 수 있다는 무한한 확장성이다.

감정을 활성화하고 제대로 살피는 자기관리로 인공지능의 두려움과 통제로부터 개성과 인격적인 자유를 지킬 수 있다. 잊고 싶은 사실과 고통스럽거나 즐거웠던 기억이 만약 현재에 집중하는 것을 방해한다면 건강하고 자연스러운 시간이라고 말하기 어렵다. 감정이 지속적으로 알려주는 현재성과 현장에 집중하며 정직하게 자신에게 집중하는 주관성이야말로 극도로 발달한 디지털의 사이버공간에서조차도 우리를 인격적인 자유와 권리가 존엄한 존재가 되도록 해 줄 것이다.

감정은 삶을 풍부하게 하는 중요한 기회를 위한 우리 자신의 능동적인 메시지이며 시도다. 외면하거나 곡해하지 말고 있는 그대로 인정하되 한 번 이상의 생각과 정리를 반드시 하도록 하는 것이 좋다.

감정과 공감의 전반적인 이해는 감정이 삶의 경험과 실재, 인지와 기억, 경험, 가치관과 신념 그리고 행동과 무관하지 않다는 점에 주목하도록 돕는다. 삶의 질은 우리 자신의 감정을 잘 살피는 것과 밀접한 관계가 있다. 감정을 잘 살피면 내 자신을 제대로 표현하고 필요를 공급하여 삶의 만족도가 올라간다. 감정을 살피면 다른 사람과의 관계도 적절하고 건강하다. 유의

할 것은 감정에 정직하고 솔직하다는 것은 감정대로 발산하는 것을 말하는 것이 아니라는 점이다.

반응적인 표출을 감정에 충실한 것처럼 당당하게 말하는 것을 지양해야 하는 이유는 분명하다. 마치 감정은 우리의 경험과 무관하며 개인의 삶의 궤적을 무시한 거물과 같은 제 3 세력쯤으로 오해하면 안 된다. 감정은 근거가 뚜렷하며, 판단된 것의 반향이다. 무언지 모르게 촉발되거나 이유 없이 방아쇠가 당겨지는 법은 결코 없는 것이 감정이다.

잊지 말아야 하는 것은 늘 자신만의 감정이라는 점과 아무리 거대한 감정의 폭발도 자신 내부의 과정이라는 점이다. 이를 고려한다면 감정 표출의 문제는 자신의 책임이라는 사실에 변명의 여지는 없다.

감정이 문제의 경계에 있는 것이 아니다. 우리가 감정을 문제의 틀 안으로 던져 넣으려 하지만, 감정은 우리를 능가하지 못한다. 아무리 강하게 감정이 치밀어도 우리 내면의 생각과 판단의 값일 뿐이다. 감정은 지금 당장 어떤 상황과 형편인지 감지하도록 강하고 직선적으로 집중하도록 우리의 관심과 지각을 모으는 거다. 그래서 감정이 격하게 느껴질 때는 심호흡을 하며 무슨 상황을 만나고 있으며 스스로 바라는 방향이 어디인지를 총명하게 생각해야 한다. 감정이 느껴진다고 느끼는 것에 그치면 안 된다. 감정은 보다 세밀하고 정밀한 생각과 그에 적합한 행동으로 우리들 스스로 잘 살아내라는 감지기의 작동이며, 메시지다.

감정은 특별하게 부정적인 범주의 것도 없으며 긍정적인 영역의 것이라고 값어치가 더 나가는 게 아니다. 감정 자체의 부정적이거나 긍정적인 구분이 의미 있는 게 아니다. 소위 부정적이라는 감정이 느껴질 때의 상황은 무슨 생각과 판단으로 보다 개선되거나 새로운 시도를 해야만 제대로 살 수 있다는 강력한 요구일 가능성이 크다. 지금의 맥락을 유지한다면 불편할 것이라는 판단을 알려 주는 것인데 이 메시지에 귀를 기울이는 방법이 부정적인 감정이라 외면하거나 회피하거나 부정한다면 상황을 개선할 기회를 놓칠 수 있다. 그래서 감정은 느껴지는 그대로를 직면하고 인정하는 것이 중요하다. 잊지 말 것은 생각하고 스스로를 살펴야 한다는 점이다.

마음에서 일어나는 기분이고 감정인데, 이상하리만치 마음대로 되지 않는다. 정말이지, 결코 마음먹은 대로 되지 않는다.

감정 폭발로 지금껏 살아온 시간이 순식간에 사라지는 느낌을 경험할 수 있다. 감정이 건드린 것은 무미건조한 구조물이나 계기판이 아니고 역동적인 사람이어서 그 여파가 크다. 감정의 파동은 빨간 펜으로 수정하듯 바로잡거나 바꿀 수 있는 게 아니다. 감정은 평면적인 이해와 정리가 어렵다. 마치 무한한 우주 공간에 흩어진 사물이 가늠하기 어려운 방향으로 움직이는 것과 같다. 속도와 방향을 알 수 없는 운동력으로 무제한 나가고 부딪힌다. 흔들리는 감정, 분분한 마음을 경험했다면 종잡을 수 없이 광활하고 깊은 감정의 뿌리와 영향력을 수긍할 수 있다.

사실 감정은 너무 과장하며 부풀리거나 지나치게 무시하지만 않는다면 문제될 일은 없다. 솔직하게 말하자면, 나쁠 리가 없는 것이 감정이다. 보다 구체적으로 말하자면, 우리들의 마음에 늘 자리하고 있는 것이 감정이다. 감정은 나쁘지 않을뿐더러 우리 자신이 아닌 적이 한 번도 없는 '늘 정확한 자기 자신'이다. 그 감정이 알려 주는 것은 우리 자신이 어떠한 사람인지에 대한 구체적이고도 확실한 내용이다. 그래서 감정이 알려 주는 바에 귀 기울이고 주목하며 집중해서 결을 살리는 것은 무엇보다도 중요하다. 이것이 자기 자신의 삶을 제대로 챙기며 돌보는 참 삶이다.

우리 모두는 이미 씨앗이다.
아직 떨어질 만큼 충분히 익지 않은
열매이기는 하지만 말이다.